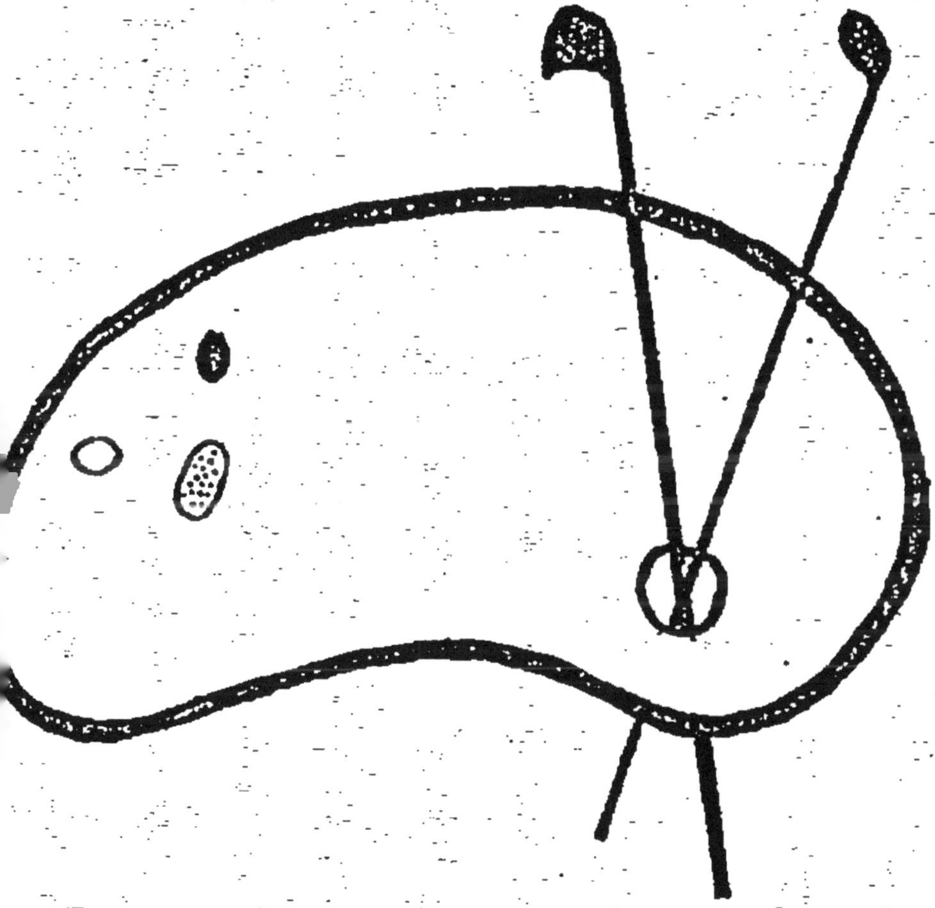

NOTRE-DAME

DE

BOULOGNE-SUR-MER

SON PÈLERINAGE ET SES FÊTES

PAR

MAXIME DE MONTROND

CHEVALIER DE L'ORDRE DE SAINT-GRÉGOIRE LE GRAND

LIBRAIRIE DE J. LEFORT

IMPRIMEUR, ÉDITEUR

LILLE — rue Charles de Muyssart, 24 | PARIS — rue des Saints-Pères, 30

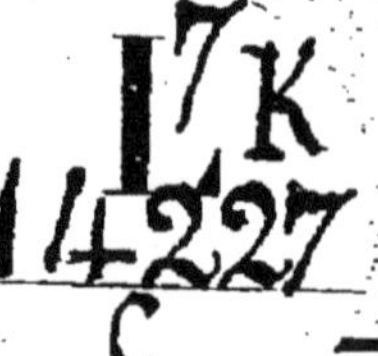

— Lille. Typ. J. Lefort. —

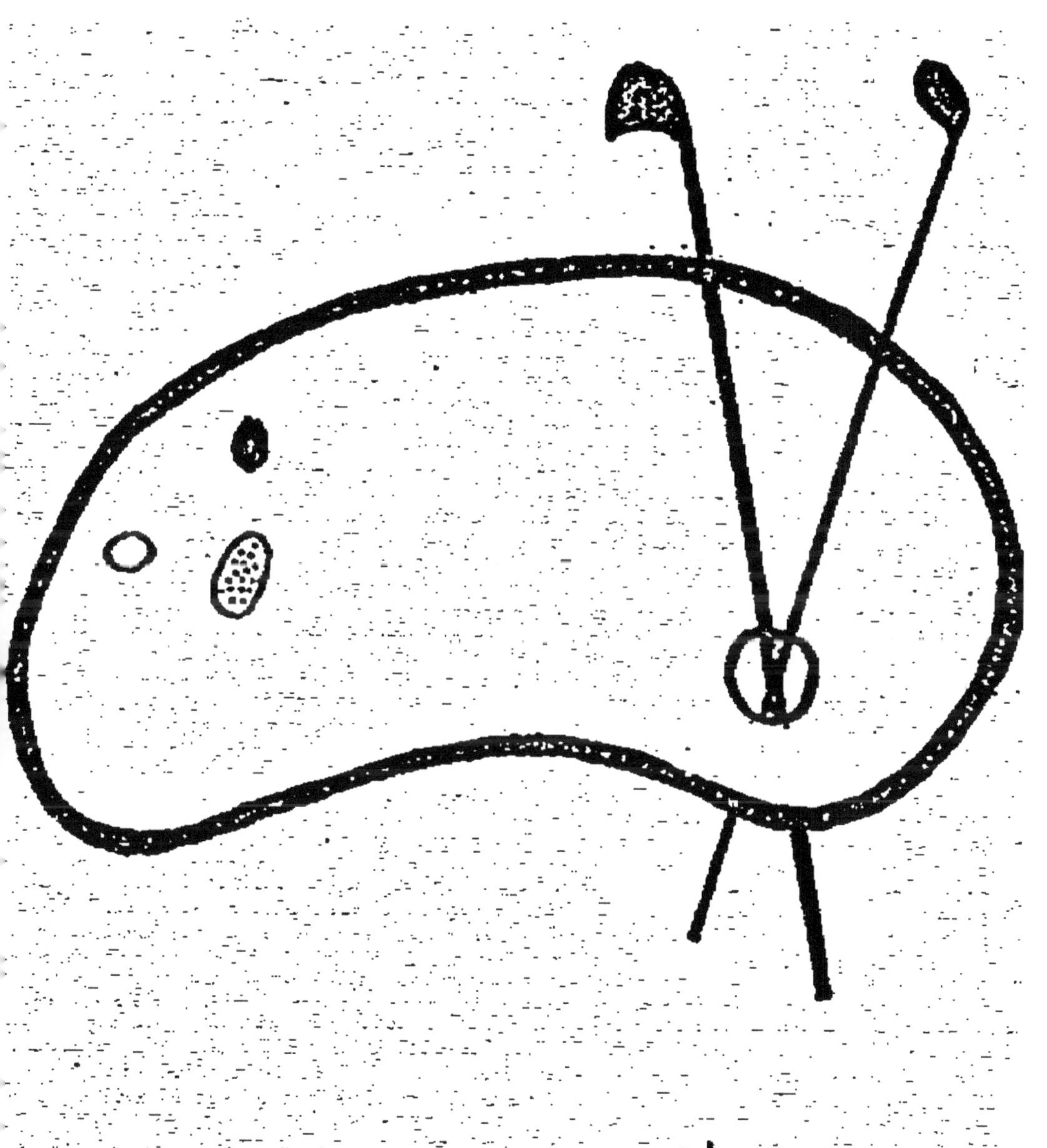

FIN D'UNE SERIE DE DOCUMENTS
EN COULEUR

NOTRE-DAME

DE

BOULOGNE-SUR-MER

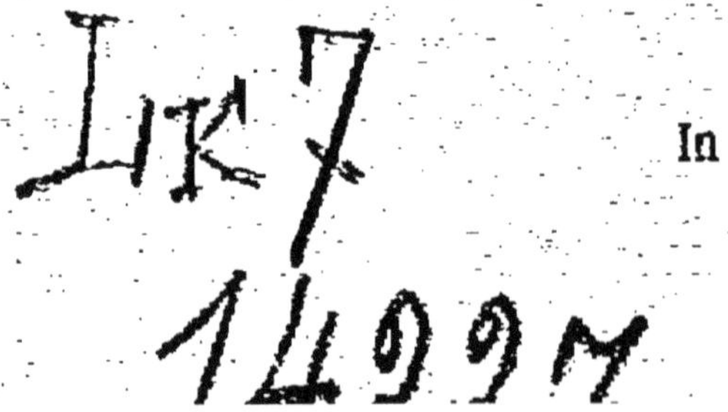

In-12 3e série

PORTE DE CALAIS, A BOULOGNE.

NOTRE-DAME

DE

BOULOGNE-SUR-MER

SON PÈLERINAGE ET SES FÊTES

PAR MAXIME DE MONTROND

CHEVALIER DE L'ORDRE DE SAINT-GRÉGOIRE LE GRAND

QUATRIÈME ÉDITION

Patrona nostra singularis.

(*Inscript. sur la porte de Boulogne.*)

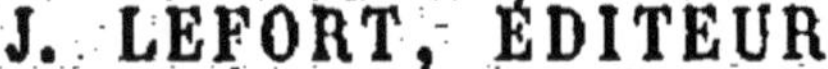

J. LEFORT, ÉDITEUR

LILLE	PARIS
rue Charles de Muyssart, 24	rue des Saints-Pères, 30

INTRODUCTION

Le voyageur qui, venant d'Angleterre, débarque à Boulogne-sur-Mer, aperçoit tout d'abord, sur la colline où est assise la haute ville, un splendide monument d'une éclatante blancheur ; au faîte du dôme qui le surmonte, brille une statue de la Vierge immaculée.

Lorsqu'on aborde sur nos côtes de Provence, on aperçoit également sur la bien-aimée colline de la Garde, à Marseille, une magnifique basilique érigée à la gloire de la Reine du ciel.

Ainsi la France, dans un siècle justement appelé *le siècle de Marie*, a tenu à honneur de montrer à tous qu'elle est plus que jamais une terre fidèle, toujours dévouée à son antique patronne. Placées à ses deux portes, au midi et au nord, Notre-Dame de la Garde sur la Méditerranée, et Notre-Dame de Boulogne sur l'Océan, apparaissent comme deux magnifiques trônes élevés par la France à son auguste souveraine. L'étranger qui aborde nos rivages, de quelque mer qu'il vienne, apprend, dès son premier regard, qu'il a mis le pied sur le *royaume de Marie,* sur une terre honorée des merveilles séculaires de sa miséricorde et de son amour.

Boulogne a été le théâtre de ces merveilles, autant et plus peut-être qu'aucune autre de nos cités. Il y a douze siècles qu'une nacelle, abordant sur ses rives pour y déposer une image miraculeuse de la Mère de Dieu, vint donner le signal de cette protection singulière dont Marie voulait couvrir l'heureuse cité, fière de sa vieille devise, *Patrona nostra singularis,* gravée au fronton de ses portes (1). Depuis ce jour mémorable, l'histoire de Boulogne-sur-Mer a offert à nos souvenirs un grand nombre d'événements divers.... Mais on peut le dire, ils semblent tous dominés par ceux qui se rattachent au culte traditionnel de cette *Patronne singulière* d'une cité privilégiée, dont le plus beau titre, aujourd'hui

(1) Cette inscription, *Patrona nostra singularis,* se lit au-dessus de la porte de la haute ville sous une statue de la Vierge.

comme autrefois, est toujours son nom de *cité de Marie.*

Boulogne, l'une des plus anciennes villes de France, est pleine en effet de grands souvenirs. Sous le nom de *Gesoriacum*, c'était, au temps des Romains, une station navale importante et le principal port d'embarquement entre la Gaule et la Grande-Bretagne. Ce port a vu partir César pour la conquête des Bretons jusque-là indomptés.... Notre histoire nationale est remplie à son tour des souvenirs de Boulogne, depuis Charlemagne élevant des digues contre les Normands, Godefroi de Bouillon s'armant pour la première croisade, Philippe Auguste réunissant mille sept cents voiles contre Jean sans Terre, jusqu'aux événements contemporains. Aujourd'hui Boulogne est tout entière aux arts et aux travaux de la paix. Reliée à Paris par un chemin de fer, à Londres par des paquebots qui forment un pont sur la Manche, son commerce grandit, et sa population se double. C'est une ville élégante, industrieuse, aimée des étrangers, et surtout des Anglais, qu'y attire en foule le confortable sans rival de ses bains de mer..... Mais, redisons-le encore, avant tout, aux yeux du chrétien, Boulogne est aujourd'hui, comme jadis, *la cité de Marie*, la terre de ses merveilles et de sa prédilection.

Nous venons, dans cet ouvrage, rappeler quelques-unes de ces merveilles, pour contribuer à populariser une histoire glorieuse et touchante, digne d'être connue. Puisse notre simple récit, glorifiant la Reine du ciel, ranimer dans quelques âmes la confiance en sa maternelle bonté (1)!

Notre-Dame de Boulogne, daignez agréer ces pages, hommage de reconnaissance et de filial amour d'un humble pèlerin qui est venu prier dans votre nouveau temple. Puissiez-vous avoir écouté sa prière avec celle de vos autres pèlerins, et, nous recueillant tous dans votre nacelle, nous conduire, à travers les récifs et les écueils de la mer de ce monde, jusqu'à l'entrée du céleste port!

(1) Les anciens historiens de Notre-Dame de Boulogne, comme le P. Alphonse de Montfort et Antoine Le Roy, nous ont servi de guides. L'estimable et savant ouvrage de son nouvel historien, M. l'abbé Daniel Haigneré, nous a été surtout d'un puissant secours.

NOTRE-DAME

DE BOULOGNE-SUR-MER

CHAPITRE I

Légende sur l'origine de Notre-Dame de Boulogne
Résumé de son histoire jusqu'au XIIIe siècle.

Les origines du culte de la sainte Vierge dans la ville de Boulogne échappent, pour ainsi parler, aux investigations de l'historien. Les pieux récits de nos pères, transmis à travers les générations, n'ont été que tardivement recueillis par la plume des chroniqueurs. Mais lorsqu'une tradition respectable, transmise de bouche en bouche, a circulé constamment à travers plusieurs siècles, sans rencontrer jamais un témoignage contraire qui vienne la démentir, n'a-t-elle pas aussi, à défaut de documents écrits, une haute valeur historique? Et cette valeur n'est-elle pas accrue encore lorsque des prodiges sans nombre sont venus confirmer cette antique tradition?

Or voici, d'après une tradition constante et vénérable, comment la sainte Vierge, aux temps anciens, est venue elle-même se choisir un sanctuaire sur la colline de Boulogne.

Écoutons le vieil historien Antoine Le Roy :

« L'an 633, ou 636 selon quelques-uns, sous le règne du roi Dagobert, arriva au port de Boulogne un vaisseau sans matelots et sans rames, que la mer, par un calme extraordinaire, semblait vouloir respecter. Une lumière qui brillait sur ce vaisseau fut comme le signal qui fit accourir plusieurs personnes pour voir ce qu'il contenait. On y aperçut une image de la sainte Vierge, faite de bois en relief, d'une excellente sculpture, d'environ trois pieds et demi de hauteur, tenant Jésus enfant sur son bras gauche. Cette image avait sur le visage je ne sais quoi de majestueux et de divin qui semblait, d'un côté, réprimer l'insolence des vagues, et de l'autre, solliciter sensiblement les hommes à lui rendre leurs vénérations. Tandis que la nouveauté de ce spectacle ravissait ceux qu'une sainte curiosité avait attirés sur le rivage, la sainte Vierge ne causa pas de moindres charmes dans les cœurs du reste du peuple, qui était, pour lors, assemblé dans une chapelle de la ville haute pour y faire ses prières accoutumées. Car, s'apparaissant à eux visiblement, elle les avertit que les anges, par un ordre secret de la providence de Dieu, avaient conduit un vaisseau à leur rade, où l'on trouverait son image. Elle leur ordonna de l'aller prendre, et de la placer ensuite dans cette chapelle, comme étant le lieu qu'elle s'était choisi et destiné pour y recevoir à perpétuité les effets et les témoignages d'un culte tout particulier. On tient même qu'elle leur commanda de fouir dans un endroit qu'elle leur découvrit, les assurant qu'ils y trouveraient de quoi fournir aux frais nécessaires pour mettre son église en sa perfection.

» La nouvelle de cette apparition se répandit aussitôt par toute la ville, et en même temps le peuple descendit en foule sur le rivage, pour y recevoir ce sacré dépôt et ce riche monument de la libéralité divine. C'était là véritablement la marchandise la plus précieuse qui fût jamais entrée dans cet ancien port des Morins, autrefois si fameux par son commerce ; et c'était là aussi ce qui devait lui faire voir dans les siècles suivants plus de rois et de princes chrétiens prosternés aux pieds des autels de la sainte Vierge, que la commodité de son trajet ne lui avait fait voir auparavant de Césars et de chefs romains.

» Cette sainte image fut solennellement portée dans l'église où elle est encore à présent honorée (1) : église qui peut passer à bon droit pour un des plus anciens sanctuaires de toute l'Europe, où la piété envers la sainte Vierge ait fleuri davantage, et où Dieu ait opéré plus de merveilles par son intercession, la plupart des autres images et lieux de dévotion n'ayant été connus que longtemps après.

» Outre les anciennes généalogies des comtes de Boulogne, qui nous parlent de l'arrivée et de la réception de notre sainte image, toute l'histoire en était autrefois décrite dans de vieilles tapisseries qui servaient à l'église, avec certaines rimes du temps au bas de chaque pièce, d'où l'on a tiré entre autres ces quatre vers qui ont longtemps servi de frontispice à la principale porte de l'église cathédrale :

(1) L'auteur écrivait vers l'an 1680.

Comme la Vierge à Boulogne arriva
Dans un bateau que la mer apporta
En l'an de grâce, ainsi que l'on comptoit,
Pour lors, au vray, six cens et trente-trois.

» La même tradition, qui nous persuade l'arrivée de l'image, en la manière que nous venons de le rapporter, nous apprend ainsi que l'on trouva dans le vaisseau deux autres reliques très saintes, l'une de Jésus-Christ Notre-Seigneur, et l'autre de la sainte Vierge avec une Bible manuscrite : ce qui se confirme par deux vers latins que l'on trouve gravés en vieux caractères gothiques sur un couvert d'argent de cette même Bible.... Et l'on croit, suivant quelques anciens mémoires, que ces précieuses reliques furent ensuite richement enchâssées par saint Éloi, évêque de Noyon....

» On ne sait pas, au vrai, de quel lieu est venue l'image de Notre-Dame de Boulogne; mais si l'on regarde le temps de son arrivée, l'on pourra facilement donner dans la pensée de ceux qui ont cru qu'elle venait de l'Orient, et qu'elle était un reste du débris arrivé, selon Baronius, environ ce temps-là, dans les villes d'Antioche et de Jérusalem, par l'invasion des Sarrasins, qui donna lieu, suivant la remarque de ce savant cardinal, de faire transporter, par divers moyens, plusieurs reliques dans l'Occident, où l'Église jouissait pour lors d'une profonde paix. Et ainsi la ville de Boulogne, quoique située dans un coin des plus reculés de l'Occident pourrait bien avoir profité, dans cette occasion, des dépouilles de l'Orient; et l'image, avec les reliques dont nous avons parlé, pourrait bien être une partie des richesses qui lui furent alors enlevées. Comme si Dieu, dans le temps que ces barbares s'emparaient de la Terre-Sainte, avait voulu, par un dessein tout particulier de sa providence, que l'image de sa sainte Mère, chassée en quelque façon de la Palestine, trouvât son asile justement dans une ville qui devait un jour donner la naissance à l'invincible Godefroi de Bouillon, ce grand restaurateur de son saint nom dans les pays du Levant.

» Au reste, comme ni la tradition ni les anciens monuments ne décident rien touchant le lieu d'où pouvait venir cette image, je ne m'arrêterai pas davantage à vouloir, par de simples conjectures, sonder un secret qu'il semble que le Ciel s'est voulu réserver; il nous doit suffire de savoir que ce don si saint et si précieux est parti de la main libérale de Dieu, qui a des trésors de grâce et de miséricorde qu'il découvre et qu'il distribue quand et comme il lui plaît, et qui a voulu sans doute attirer entièrement ces peuples tout adonnés au trafic de la mer, en leur envoyant par la voie de ce même élément l'instrument et l'organe de ses plus rares faveurs.

» Ce serait peut-être avec plus de fondement que l'on avancerait que cette image a été faite par saint Luc, aussi bien que celle de Lorette, à qui elle était toute semblable, et en sa grandeur, et en sa matière qui est d'une espèce de bois incorruptible; puisque non seulement c'en a été une créance continuelle descendue jusqu'à nous par la tradition et confirmée, selon quelques-uns, par des révélations particulières, mais qu'outre cela, les démons mêmes, quoique ennemis déclarés de l'honneur de la Mère de Dieu, ont été contraints quelquefois, par la force des exorcismes, de rendre témoignage à cette vérité par la bouche des personnes qu'ils obsédaient. Aussi est-ce une opinion communément reçue que ce saint évangéliste, qui avait une grâce particulière pour pouvoir représenter au naturel la figure de la sainte Vierge, à laquelle il était très affectionné, en a fait diverses images, tant en relief qu'en peinture, que Dieu a rendues recommandables par un grand nombre de miracles. (1). »

(1) *Hist. de Notre-Dame de Boulogne*, par Antoine Le Roy chanoine et official de Boulogne.

On croit que la ville de Boulogne, à cause de son importance sous la domination romaine et de ses rapports avec la Grande-Bretagne, comme principal port d'embarquement pour cette île, a été honorée d'un siège épiscopal dans les premiers siècles de l'ère chrétienne (1). L'histoire ne cite cependant aucun terme précis sur la première fondation de l'église de Notre-Dame. Il n'est resté sur ces bords aucune trace visible des luttes que le christianisme eut à soutenir pour triompher des fausses divinités adorées par nos pères. Toutefois, nous savons qu'à Boulogne, comme presque partout ailleurs, la croix de Jésus-Christ fut plantée sur les ruines de l'idolâtrie vaincue. Les débris d'un temple romain retrouvés sous la nef de Notre-Dame disent assez clairement que le paganisme avait jadis ses autels et ses dieux sur cette même colline vers laquelle on voit gravir aujourd'hui tant de fidèles pèlerins.

Le vénérable Bède, dans son *Histoire ecclésiastique d'Angleterre,* rapporte qu'en l'an 606 ou environ, il y avait à Boulogne une église où l'on transporta le corps du premier abbé de

(1) V. *Étude sur l'existence du siège épiscopal dans la ville de Boulogne avant le septième siècle*, par M. l'abbé Daniel Haigneré. in-8°. 1856.

Cantorbéry, dont les reliques y furent longtemps honorées d'un culte solennel (1). On parle aussi d'un édifice sacré, construit par le roi Clotaire II à Boulogne, mais terminé seulement après l'arrivée de la Vierge miraculeuse. Rien de précis à ce sujet ne nous est parvenu. La tradition rapporte qu'au septième siècle l'image sainte fut mise dans une chapelle « couverte de genêts et de joncs marins, qui avait bien plus l'air d'une pauvre église champêtre que d'une église principale de tout un pays. On en voyait autrefois la triste figure dans les vieilles tapisseries dont nous avons déjà parlé, et qu'on dit avoir été renouvelées de temps en temps, pour être un continuel mémorial de l'antiquité (2). »

Suivant un vieux légendaire, l'église de Boulogne, ayant été brûlée par trois diverses fois, s'est vue renaître autant de fois de ses cendres.

Ces fréquents incendies de nos vieilles églises, dont parlent si souvent les historiens, ne doivent pas nous surprendre : c'était assez la coutume de les construire en bois, avant l'an 1000. Il en était même ainsi des églises cathédrales, comme, par exemple, la cathédrale de Chartres,

(1) Saint Pierre, abbé, vulgairement appelé *saint Pierre d'Ambleteuse*, à cause de la baie où il fit naufrage.

(2) Ant. Le Roy.

avant sa reconstruction par l'évêque Fulbert. Les édifices de l'ancienne église de Boulogne ainsi consumés successivement par l'incendie devaient être construits en bois. Voilà pourquoi sans doute on trouve peu de traces de ces anciennes constructions.

L'illustre apôtre des Morins au septième siècle, saint Omer, premier évêque de Thérouanne, a célébré les divins mystères et présidé l'office canonial dans l'église de Notre-Dame de Boulogne. Ses successeurs, pendant tout le dixième siècle, ont résidé dans cette même cité de Boulogne, où ils avaient transfére leur chaire épiscopale (1).

L'image miraculeuse de la sainte Vierge arrivée dans le port de Boulogne au septième siècle a dû recevoir constamment, depuis cette époque, les hommages de pieux pèlerins. L'histoire cependant ne nous a laissé aucune trace de cette dévotion durant ces premiers siècles. Écoutons toutefois l'historien Le Roy s'efforçant de trouver, avant le douzième siècle, des vestiges du pèlerinage de Notre-Dame de Boulogne.

« La dévotion à Notre-Dame de Boulogne, dit le pieux archidiacre, s'est toujours accrue, et la

(1) V. *Études sur l'existence du siège épiscopal à Boulogne avant le septième siècle.*

renommée s'en est si fort étendue de tous côtés, qu'elle a attiré les peuples non seulement des pays et des royaumes les plus voisins, mais même des dernières extrémités de la chrétienté. Molan, que le cardinal Baronius ne cite jamais qu'avec éloge, nous fournit une grande preuve de ceci dans son *Traité des saints de Flandre* (1). Il rapporte que, dès l'an 1023, ce pèlerinage était en si grande vénération par tout le monde, que saint Jor y vint du fond de l'Orient. Il était natif de la grande Arménie, et évêque du Mont-Sina. Poussé d'un désir extraordinaire de visiter tous les lieux saints de la chrétienté, et animé à cela par l'exemple de saint Macaire, son frère, patriarche d'Antioche, qui en avait fait autant, et qui était mort en Flandre durant le cours de son pèlerinage, il quitta son pays, traversa toute l'Europe, et vint en France, où, entre autres lieux de piété auxquels il s'arrêta, il visita avec beaucoup de dévotion l'église de Notre-Dame de Boulogne. Ce fut presque la dernière action de piété qui couronna toutes les autres de sa vie ; car, comme il s'en retournait, il mourut à Béthune, dans le baiser du Seigneur, et alla jouir dans le ciel de la présence de Celle dont il venait d'honorer l'image sur la terre. La plupart des anna-

(1) *In natal. SS. Bel.* 26 *jul.*

listes de Flandre (1) nous confirment la même chose, entre autre Ferry de Locre (2), lequel, parlant de la mort précieuse de cet illustre pèlerin de l'Orient, dit qu'elle arriva immédiatement après que par un motif général de religion, et par un engagement particulier de s'acquitter de son vœu, il eut été visiter l'église de Notre-Dame de Boulogne et honorer sa sainte image (3). »

L'époque de la première croisade fut glorieuse pour Boulogne et pour son église de Notre-Dame. On a contesté l'origine boulonaise du principal héros de cette croisade, du premier roi chrétien de Jérusalem. Mais il est démontré aujourd'hui que Boulogne revendique justement l'honneur d'avoir vu naître Godefroi de Bouillon (4). Aussi nous empressons-nous d'applaudir au projet qu'on a conçu, de ne pas laisser plus longtemps vide d'une statue la place de la haute ville décorée déjà de cet illustre nom. Godefroi de Bouillon était fils d'Eustache II, comte de Boulogne et de la bienheureuse Ide de Lorraine, sa femme (5).

(1) Gazet : *Hist. eccles. des Pays-Bas.* 160.

(2) *In Chron. Belg. ad ann.* 1033.

(3) Ant. Le Roy.

(4) V. *Du lieu de naissance de Godefroi de Bouillon*, par M. l'abbé Barbe.

(5) Il était neveu de Godefroi le Bossu, duc de Bouillon, qui lui laissa ses États.

Lorsque la famille de ces princes, qui se rattachait par alliance aux descendants de Charlemagne, commença vers cette époque à jouer un rôle important dans l'histoire de la France et de l'Angleterre, l'église de Notre-Dame de Boulogne devint l'objet de leur sollicitude. Godefroi de Bouillon enrichit l'église de Notre-Dame d'une quantité de reliques très précieuses, qu'il envoya de Syrie et Palestine, *pour gage et prérogative d'amour singulier.*

Parmi les monuments de la pieuse libéralité du chef des croisés envers Notre-Dame de Boulogne, on cite la couronne qui lui fut présentée quand il fut proclamé roi de Jérusalem. On sait que le libérateur du tombeau du Christ refusa de s'en parer, en disant : « A Dieu ne plaise que je place sur ma tête une couronne d'or, dans une cité où le Sauveur du monde a été couronné d'épines ! » On conserva jusqu'à la révolution française cette couronne de vermeil, dite de Godefroi de Bouillon. « On y voyait, à l'entour, divers petits chasteaux (huit reliquaires) où sont les reliques de la Terre-Sainte (1). »

La bienheureuse comtesse Ide, mère d'Eustache III et de Godefroi de Bouillon, est l'une des plus insignes bienfaitrices de Notre-Dame de

(1) Anciens inventaires.

Boulogne. Cette pieuse princesse, en même temps qu'elle enrichissait l'abbaye de Saint-Bertin, « pour la prospérité de mes fils, dit-elle, qui, par les ordres du Pape, sont allés combattre à Jérusalem la tyrannie des infidèles, » fondait le couvent de Saint-Vilmer à Boulogne, et faisait rebâtir l'édifice de Notre-Dame. Il fut ainsi reconstruit vers l'an 1104, tel qu'il existait encore en grande partie à la fin du dernier siècle. On reporte à la même date la construction de l'ancienne crypte.

L'église de Notre-Dame, à cause de son ancien titre épiscopal, avait la juridiction paroissiale sur toute la ville de Boulogne. Elle paraît avoir été jusqu'au douzième siècle une collégiale desservie par un chapitre de chanoines séculiers gouvernés par un doyen. Plus tard, elle devint une abbaye régulière de l'ordre de Saint-Augustin. On attribue cette réforme au comte Eustache III, vers l'an 1109; mais on n'apporte point d'autorité sérieuse à l'appui de cette opinion. C'était au reste une abbaye importante, qui eut toujours le troisième rang dans la congrégation d'Arouaise, jusqu'au temps des guerres de Flandre, où elle fut unie à Saint-Victor de Paris (1).

(1) Gervais, premier abbé d'Arouaise, qui était natif de Boulogne, ne fut installé qu'en 1121. La transformation de la

D'anciennes bulles des Papes Innocent II et Honorius II, citées par les historiens, donnent sans doute d'amples détails sur les biens dont les seigneurs boulonnais avaient enrichi l'église de leur vénérée patronne, mais on ne rencontre nulle part une copie de ces documents. Les anciens monuments gardent aussi le silence sur les premiers temps du pèlerinage; toutefois la vieille cité boulonaise, pendant tout cet espace de temps, a pu saluer le passage de beaucoup de saints dans ses murs, depuis le prêtre romain Birinus allant évangéliser les Bretons au septième siècle, jusqu'à saint Anselme qui vint visiter la bienheureuse Ide à Boulogne. Les bienheureux Lugle et Luglien y débarquèrent aussi pour se livrer à la prédication de l'Évangile, et l'on indique la présence de saint Bernard à Boulogne en 1131. Rien dans les récits originaux n'indique encore la trace du pèlerinage; mais pourrait-on douter que saint Anselme et saint Bernard, par exemple, ces deux grands serviteurs de Marie,

collégiale de Boulogne en abbaye semble donc postérieure à cette date. Au reste, ce n'est pas sous le pontificat d'Innocent II (1130-1143) qu'on trouve la mention d'un abbé de Notre-Dame. On cite une bulle de ce pontife adressée à Jean, abbé de Sainte-Marie de Boulogne, et on retrouve le nom ou la signature de cet abbé dans plusieurs écrits de 1132 et des années suivantes.

n'aient été vus un jour parmi les pèlerins du sanctuaire de Boulogne.

Ce vénérable sanctuaire, durant ces anciens âges, donna longtemps l'hospitalité aux reliques de saint Bertoul, abbé de Renty en Artois, comme aussi à celles de saint Ansbert, évêque de Rouen. L'église de Notre-Dame fut encore l'asile du corps de saint Maxime, pendant les troubles que l'avidité sacrilège de Robert le Frison suscita dans l'église de Thérouanne (1083). Quelques reliques de ce saint évêque et patron du Boulonais se conservent encore dans l'église de Saint-Joseph, et sont portées dans leur châsse par les jeunes gens de la paroisse, aux processions solennelles. Il en est de même de la relique du saint Sang, la plus précieuse parmi celles apportées de la Terre-Sainte. Sauvée de la spoliation du trésor de la cathédrale, elle est conservée dans un très antique reliquaire, orné d'émaux bysantins, avec cette inscription en lettres orientales du treizième siècle :

DE SANGVINE. IHV. XPI (1).

Le pèlerinage de Boulogne, malgré le silence

(1) V. la notice *Notre-Dame du Saint-Sang*, par l'abbé Daniel Haigrené. 1862. — Cette relique du saint Sang est dans la nouvelle église de Saint-François de Sales.

des récits originaux, devait cependant avoir quelque part dans ce grand mouvement de pérégrination qui existait au douzième siècle à travers toute la chrétienté. Les croisades avaient répondu à la tendance générale des fidèles chrétiens pour ces pieux voyages vers les saints lieux de l'Europe et de l'Asie. Les peuples se mêlaient pour moins se haïr. « Il n'y avait pas de pèlerins qui, suivant l'expression de Chateaubriand, ne revînt à son village ou dans sa salle avec des préjugés de moins et quelques idées de plus. »

C'était pour satisfaire à cette ardeur de lointains voyages qu'avait été érigé en 1131, par Oilard de Wimille, le prieuré-hôpital de Sontinghewelt, et qu'on établit à Wissant un cimetière spécial pour la sépulture des Écossais, des Irlandais et autres pèlerins (1). Une chapelle attenante à ce cimetière dépendant de l'abbaye de Saint-Vilmer fut confirmée à cette abbaye par un acte du pape Alexandre III, de l'an 1677. Ces fondations spéciales pour les étrangers à Wissant s'appliquent tout ensemble par l'affluence des pèlerins et par l'importance qu'avait acquise cette dernière cité.

(1) *Hist. de Notre-Dame de Boulogne*, par le P. Alph. de Montfort.

Hâtons-nous d'arriver au treizième siècle. Ici la lumière brille d'un vif éclat, et le pèlerinage de Notre-Dame de Boulogne va nous apparaître clairement comme étant devenu à cette époque l'un des plus célèbres de la chrétienté.

CHAPITRE II

**Développement du pèlerinage au XIIIe siècle.
Illustres pèlerins.**

« En l'année 1212, dit dans sa chronique Jean d'Ypres, abbé de Saint-Bertin, des miracles nombreux, à la louange et à la gloire de Jésus-Christ et de sa glorieuse Mère, se firent dans la ville de Boulogne et y attirèrent un grand concours de peuple de tous les points du royaume. C'est là, ajouta-t-il, l'origine du pèlerinage de Notre-Dame de Boulogne, qui subsiste toujours depuis lors (1). »

Nos anciens chroniqueurs et historiens nous parlent ici des plus illustres pèlerins. « En cette même année (1213), dit Guillaume le Breton, le magnanime roi Philippe (Auguste) vint à

(1) *Chron. S. Berthini* ap. Martène. — Jean d'Yprès, cinquante-huitième abbé de Saint-Bertin, mourut en 1383.

Boulogne avec une immense armée, et il y demeura pendant quelques jours, attendant ses vaisseaux et ses hommes qui venaient de diverses contrées. » Le monarque avait fixé dans cette ville le rendez-vous de sa flotte composée de 4700 barques, et des troupes qui venaient de toutes parts se ranger sous sa bannière pour l'aider à se mettre en possession de l'Angleterre. Ce prince honora d'un culte particulier la Vierge dont la puissance venait de se manifester par d'éclatants miracles. L'église de Boulogne conserva longtemps de précieux joyaux dus à la munificence du monarque, entre autres, dit Antoine Le Roy, « une double croix garnie de plusieurs reliques de divers saints et enrichie de quantité de pierreries, et une très belle image de vermeil doré, avec un cœur effigié en or. »

Après avoir rapporté longuement les témoignages de dévotion et de zèle que les comtes et comtesses de Flandre ont rendus à Notre-Dame de Boulogne, l'historien Le Roy rapporte ceux qu'elle a reçus de *ses propres domestiques*, c'est-à-dire des comtes de Boulogne. « Et d'abord nous pourrions alléguer, dit-il, comme une preuve générale de leur attachement au service de Notre-Dame de Boulogne, leur cri de bataille, qui était *Notre-Dame*, au lieu de *Boulogne-Belle* qu'ils criaient anciennement. Mais en voici de plus singulières et de plus précises, tirées de leurs fondations.

» Une des plus considérables, et qui mérite à bon droit de tenir le premier rang, est celle de Mahaut, fille de Renaud de Dammartin et femme de Philippe de France. Celui-ci avait voulu perpétuer sa mémoire dans le pays par la construction des châteaux de Boulogne et d'Hardelot, par la réédification des murs de la ville, qu'il rétrécit du côté du levant pour la rendre plus forte, et par divers ouvrages somptueux et magnifiques; mais pour Mahaut, elle employait ses richesses à des usages plus saints et plus chrétiens. Outre l'établissement d'une chapelle en l'hôpital Sainte-Catherine, elle en érigea trois autres dans l'église de Notre-Dame, par-dessus le nombre de cinq qui avaient été fondées par les anciens comtes de Boulogne; et pour augmenter de plus en plus le service de la sainte Vierge dans cette église de son nom, elle lui légua la maison et les terres des Moulins-l'abbé, près Boulogne, et quelques autres portions de son héritage. Une bulle de Clément IV de l'an 1268, qui confirme toutes ces donations, fait aussi mention de quarante arpents de bois en une pièce qu'elle accorde, outre l'ancien droit de chauffage donné par ses prédécesseurs, et qui consistait à pouvoir couper chaque jour dans la forêt jusqu'à deux charretées de bois. Enfin, après avoir fait l'église de Notre-Dame héritière de la meilleure partie de son patrimoine, elle décida en 1258 et voulut que son corps fût enterré à l'entrée de cette même église, auprès de celui de la comtesse Ide, fille de Matthieu d'Alsace, sa mère, qui avait été rapporté de Flandre où elle était décédée en 1216.... Les tombeaux de ces deux comtesses se voyaient encore avant que la ville fût prise par les Anglais ; mais l'un et l'autre furent renversés et démolis par ses ennemis, ainsi que plusieurs autres monuments de l'antiquité. Au reste, ni l'injure des temps ni le sort des armes n'ont été capables de détruire un autre monument bien plus glorieux, que cette même bienfaitrice s'est élevé dans le cœur des pauvres, par cette aumône publique que l'on continue de faire tous les ans, au jour de son anniversaire, et qui, du nom de sa fondatrice, s'appelle vulgairement *la partie Mahaut* (1). »

Jusqu'au dix-huitième siècle, les dernières volontés de la comtesse Mahaut furent religieusement observées. Chaque année, le 14 janvier, un obit solennel célébré à sa mémoire

(1) Ant. Le Roy : *Hist. de Notre-Dame de Boulogne.*

attirait dans l'église Notre-Dame une foule de personnes, à qui l'on distribuait indistinctement, au sortir de l'office, *un pain de douze onces et un hareng saur* (1).

Les donations continuèrent. Simon de Dammartin, comte d'Aumale et de Ponthieu, et Marie, sa femme, comtesse de Ponthieu et de Montreuil, en février 1223, déclarant donner à l'église de Notre-Dame de Boulogne, en perpétuelle aumône, pour le soulagement de leurs âmes et de celles de leurs ancêtres, quarante sous parisis de rente annuelle. Par un testament daté d'août 1248, Baudouin de Hésèque, chevalier et sire de Hésèque, lègue également à Notre-Dame de Boulogne vingt sous parisis.

Vers le milieu du treizième siècle, nous voyons un monarque étranger ouvrir la longue chaîne des illustres pèlerins, souverains et seigneurs, qui vinrent si souvent depuis offrir leurs hommages et leurs vœux à Notre-Dame de Boulogne. C'était en 1254; Henri III, roi d'Angleterre, revenant de Gascogne, avait traversé la France en grande pompe. Saint Louis avait

(1) *Comptes de l'église de Notre-Dame.* — Cette distribution cessa vers le commencement du dix-huitième siècle; seulement la somme qu'on y employait fut alors donnée à l'hôpital.

reçu avec honneur et cordialité son royal visiteur. Henri, de son côté, admirait cette France si belle et si riche, « avec ses villes, les plus populeuses du monde, » comme dit un chroniqueur. Après les fêtes de la cour, le roi d'Angleterre retourna par Boulogne, où il arriva peu de jours avant la fête de Noël ; avec lui étaient la reine Aliénor sa femme, et la princesse Sancie, comtesse de Cornouailles, sœur de la reine Marguerite, femme de saint Louis. Le vent était contraire : aussi le monarque, ne pouvant remédier à cet accident, car la *mer et les vents ne lui obéissaient point* (1), fut-il contraint de demeurer à Boulogne jusqu'à un temps plus propice. Pendant les loisirs que lui laissait la tempête, il visita l'église de Notre-Dame et honora les saintes reliques dont cette église était alors très richement pourvue ; suivant une remarque de Matthieu Pâris, cet exercice de dévotion était dans les habitudes du monarque, et en s'y livrant, il suivait tout ensemble l'inclination de ses goûts et l'attrait de sa piété.

« Il n'y avait point alors dans tout le voisinage, dit l'historien Le Roy, d'église plus riche et plus abondante en toute sorte de reliques, que l'était celle de Notre-Dame de Boulogne, où

(1) Chroniques de Matthieu Pâris.

l'on faisait même tous les ans, le 8 juillet, une fête solennelle, sous le nom de *Fête des reliques*, et elles étaient comme les suites et les accessoires de notre image miraculeuse, ayant été apportées de différents endroits aux pieds de cette image, ou par manière de dépôt, ou par forme de présent et d'offrande. Ainsi, quoique Matthieu Pâris, exprimant le séjour d'Henri à Boulogne, ne fasse pas mention précise et distincte de cette image, et se contente de dire en général que ce fut pour honorer les reliques qui étaient en l'église de Notre-Dame de Boulogne, nous devons néanmoins supposer, comme une chose incontestable, que sous ce nom de reliques il comprend aussi l'image qui en faisait la plus sainte partie, et qui était même alors en sa plus grande réputation, comme nous l'avons prouvé dans son lieu par le témoignage irréprochable de Jean d'Ypres, abbé de Saint-Bertin. »

Dix ans après le passage du roi anglais à Boulogne, au mois d'août 1264, Guy Fulcodi, cardinal-évêque de Sabine, arrivait dans cette ville. Il y venait au nom du pape Urbain IV, pour tâcher de faire entendre la parole du Pontife suprême, au milieu du débat survenu entre le monarque et les barons d'Angleterre, et que l'arbitrage de saint Louis n'avait pu apaiser. Le légat du Saint-Siége s'étant vu fermer l'accès de l'Angleterre, et contraint de rester à Boulogne, y convoqua les évêques de ce[illegible] île à comparaître devant lui. Le mardi 12 août, il assembla solennellement le peuple et le clergé dans l'église de Notre-Dame, et là il adjura les barons anglais de lui ouvrir l'entrée de l'Angleterre et de rétablir leur roi dans son ancienne liberté. Quelques évêques seulement répondirent à l'appel du légat. Après avoir vainement attendu, l'évêque de Sabine se rendit à Hesdin, où, dans l'église du prieuré de Saint-Georges, il publia solennellement une sentence d'excommunication contre les rebelles et jeta l'interdit sur leurs terres, sur la ville de Londres et sur les cinq ports de la Grande-Bretagne (20 octobre 1264).

Au rapport de Guillaume de Nangis, le roi saint Louis accompagna l'envoyé du Saint-Père à Boulogne, afin de joindre à ses efforts l'autorité de sa vertu et l'ascendant de sa persuasive sagesse. Les itinéraires du saint roi indiquent en effet sa présence à Boulogne le 2 août. Il eut un long entretien avec le chef des rebelles, Simon de Montfort, comte de Leicester, mais il ne put fléchir son obstination.

« Bien que cette démarche de saint Louis et

le séjour momentané que le pieux monarque a fait dans notre ville ne puissent pas être regardés comme un pèlerinage, cependant, dirons-nous avec le dernier historien de Notre-Dame de Boulogne, personne ne saurait douter que la Vierge de Boulogne n'ait été honorée d'une manière toute spéciale à cette occasion. Si Henri III lui rendait de si dévots hommages en 1254, assurément le légat apostolique, les prélats anglais venus à cette assemblée qu'on a mise au rang des conciles, et le roi de France avec ceux des officiers de sa cour qui dûrent l'accompagner, n'ont pas négligé de vénérer les saintes reliques qui faisaient la réputation de l'église de Boulogne (1). »

La dévastation des archives de la cité a détruit les documents qui seraient nécessaires pour retracer dans tout son éclat le tableau des gloires de Notre-Dame au treizième siècle : toutefois les documents généraux concernant l'histoire de France fournissent de beaux témoignages en faveur de la renommée qu'avait acquise ce pèlerinage. Nous en trouvons cinq mentions spéciales dans l'histoire des miracles de saint Louis, par le confesseur de la reine Marguerite. En 1275, c'est un Frère mineur, du diocèse de Paris, Jean

(1) M. l'abbé Daniel Haigneré.

de Leigny, à qui l'on conseille de se vouer à « Nostre-Dame de Bouloigne sur la mer » pour obtenir la guérison d'une maladie qu'il éprouvait. Deux ans plus tard, c'est une femme de vingt-huit ans, Emmeline de Chaumont, qui, ayant recouvré la santé devant le tombeau de saint Louis, veut aller en pèlerinage et visiter par reconnaissance « l'église de Nostre-Dame de Bouloigne sur la mer. » En 1282, Robert du Puis, de Grooley (village voisin de Montmorency), guéri comme la précédente au tombeau de saint Louis, se rend avec Guillot du Puis, son frère, « à Nostre-Dame de Bouloigne sur la mer, » et revient par Saint-Éloi de Noyon et d'autres saints lieux de pèlerinage. Vers le même temps, le chroniqueur cite encore Nicolas de Lalaing, du comté de Hainaut et du diocèse d'Arras, et Richard Laban de Lerni, du diocèse de Soissons, ancien forestier du roi en la forêt de Rouen, qui se rendent également en pèlerinage « à l'église de Nostre-Dame de Bouloigne sur la mer. »

La renommée de ce sanctuaire était donc grande en France à cette époque. « Si déjà, dit l'abbé Haigneré, dans les humbles villages du Hainaut et de l'Ile-de-France, Notre-Dame de Boulogne était connue du bon peuple chrétien qui bénissait sa main secourable, ne devons-nous pas croire que sa bénigne influence s'étendait plus merveilleusement encore sur les populations groupées autour du sanctuaire béni? »

A la fin de ce treizième siècle, si riche de foi, de piété, mais qui vit aussi de grands crimes suivis de grandes réparations, nous trouvons plusieurs exemples de condamnations judiciaires où figure Notre-Dame. Vers l'an 1273, un bourgeois d'Ypres, nommé Jehan Ghime, pour avoir frappé un autre avec *un couteau à pointe*, fut condamné par une sentence de la comtesse Marguerite de Flandre à faire un pèlerinage à *Nostre-Dame de Boloigne.* La cérémonie, aux termes de la sentence, fut très solennelle. A son départ, le condamné dut prendre publiquement dans l'église le bourdon et l'écharpe, et à son retour il dut rapporter des lettres scellées attestant l'accomplissement de sa peine (1). En 1281, le prévot, les échevins et la commune de Courtrai, ayant, on ne sait pour quel motif, mis le feu à une maison appartenant à la collégiale de Saint-Pierre de Lille, les chanoines demandèrent à la cour du comte de Flandre justice de cette attentat. On condamna la commune de Courtrai à restaurer « le lieu et la maison bien et suffisamment, » et à

(1) Voir une charte de Marguerite, aux archives du département du Nord.

indemniser le chapitre de Saint-Pierre. Mais, en outre, la comtesse Béatrix de Brabant obligea douze personnes de la commune à faire un pélerinage à « Nostre-Dame de Bologne » et à lui en rapporter certificat (16 novembre 1282).

Un acte judiciaire plus important constate clairement la réputation de ce pèlerinage de Notre-Dame. C'est un arrêt rendu à la Toussaint, par la cour du roi de France. Un seigneur de Harcourt ayant eu à se plaindre du chambellan de Tancarville, s'était porté à des voies de fait contre lui. Le chambellan avait été blessé à la jambe et frappé au visage jusqu'à perdre un œil. La cour évoqua l'affaire, et par une sentence condamna le sire de Harcourt à faire amende honorable au chambellan, ordonnant ensuite qu'il « aille en pèlerinage pour la cause de l'amende, premièrement à *Nostre-Dame de Bologne*, de Nostre-Dame de Bologne à Saint-Thibaut en Ançois, et de Saint-Thibaut à Nostre-Dame du Puy (1). »

De telles condamnations sont loin aujourd'hui de nos mœurs. On aime cependant à voir les tribunaux séculaires d'un âge trop souvent réputé barbare, imiter ici la coutume de l'Église, et user parfois aussi, comme elle, d'indulgence à l'égard d'un coupable, en transformant sa peine

(1) *Les Olim*, publiées par M. le comte Beugnot, t. II.

en un acte plus doux et plus honorable. N'était-ce pas d'ailleurs un religieux spectacle que celui de ces pèlerins venant payer à Dieu et à la divine Vierge le tribut d'expiation imposé au coupable par la justice humaine? Quoi qu'il en soit, cet arrêt de la première cour du royaume de France, par lequel le pèlerinage de Notre-Dame de Boulogne est classé parmi les principaux et les plus célèbres, est un fait remarquable et glorieux pour ce sanctuaire.... Des faits d'un autre genre témoignent plus hautement encore de l'influence des pèlerins.

Je veux parler des hospices bâtis à diverses époques à Boulogne ou dans les environs, pour recevoir et héberger les voyageurs. Outre l'hôpital de Sainte-Catherine, érigé dans la ville de Boulogne au commencement du treizième siècle, un autre existait au quatorzième siècle, à une lieue et demie de Boulogne, proche le grand chemin d'Audisque, en la paroisse de Saint-Étienne. Nous avons déjà parlé du prieuré-hôpital de Sontinghevelt. Un quatrième fut fondé à Abbeville. « Quelques pieuses filles d'Abbeville, dit un vieil historien, voyant la grande dévotion qui était pour lors de visiter l'Image miraculeuse de Notre-Dame de Boulogne sur la mer, et que quantité de personnes passaient par

Abbeville pour faire ce petit pèlerinage, donnèrent leurs biens pour bâtir un hôpital en l'honneur de Notre-Dame de Boulogne, afin que les pèlerins, pauvres et riches, fussent soulagés durant leur voyage.

« Il y avait autrefois des frères hopitaliers en cet hôpital, destinés pour y recevoir ceux qui allaient par dévotion demander quelque grâce ou guérison à Notre-Dame de Boulogne, qui y étaient reçus avec grande charité, et ces frères hospitaliers avaient la permission d'y chanter l'office divin (1). »

Ces établissements d'hôpitaux et d'asiles de retraite pour les pauvres infirmes et les étrangers, qui venaient en pèlerinage à Boulogne, montrent combien cette dévotion était anciennement célèbre et renommée dans le monde.

Voici d'autres preuves non moins authentiques. Ce sont les églises et chapelles bâties en différents endroits de la France sous le nom et le modèle de celle de Boulogne, et dont Dieu même a voulu dans la suite approuver l'établissement par les fréquents miracles qui s'y sont opérés.

(1) Le P. Ignace de Jésus-Maria : *Hist. ecclésiastique de la ville d'Abbeville.* 1846. — Au XVIIe siècle, cet hôpital fut réuni à la maison des Minimesses, et la confrérie de Notre-Dame de Boulogne, qui y subsistait encore, fut transférée dans l'église Saint-Jacques.

« Des mariniers de la côte boulonnaise, dit Ant. Le Roy (1), qui ont toujours ressenti les effets singuliers de la protection de la sainte Vierge élevèrent à son honneur une belle chapelle dans l'église Notre-Dame de Cremarest (2), et y mirent une image de la même figure que celle de Boulogne, où ils allaient rendre leurs vœux avec beaucoup de religion, et où chaque maître de navire était obligé d'entretenir un cierge. Il y avait dans cette chapelle une célèbre confrérie, et il s'y est fait quantité de miracles, particulièrement en faveur des enfants morts sans baptême, ainsi qu'on peut le voir dans un régistre de l'église, qui commence environ l'an 1400, sous le titre d'*enfans reçeus à grâce !...* Cette chapelle a subsisté, et la dévotion s'y est maintenue dans toute sa vigueur, jusqu'à la prise de Boulogne par les Anglais, qui ruinèrent la plupart des lieux saints. »

La même histoire mentionne une autre chapelle dite de *Notre-Dame de Boulogne,* qu'on voyait autrefois à la porte de Montdidier, sur le grand chemin d'Amiens. Une autre église, appelée Notre-Dame en châtel, ou Notre-Dame de Boulogne, avait été érigée à Arras, dans l'an-

(1) *Histoire de Notre-Dame de Boulogne.*

(2) Canton de Desvres, arrond. de Boulogne.

cien château de cette ville. « On y révère depuis longtemps, continue Le Roy, une image de la Vierge, dans un bateau, semblable à celle de Boulogne.... C'est une des plus anciennes de la ville, et qui paraît de même construction que celle de Saint-Vaast, dont elle est attenante. Ferry de Locre(1) assure qu'il s'y faisait autrefois quantité de miracles ; et les différents vœux que l'on y voit suspendus, témoignent que Dieu n'en a pas retiré sa main toute-puissante, et que les fidèles qui y ont recours dans leurs besoins en ressentent encore aujourd'hui les salutaires effets.... »

On peut citer encore, parmi les chapelles de pèlerinage secondaire érigées en l'honneur de la Vierge de Boulogne, l'ancien prieuré de *Boulogne*, de l'ordre de Grammont, à quatre lieues de la ville de Blois-sur-Loire ; son église était dédiée à *Nostre-Dame de Bouloigne*. Une image de la Vierge, faite sur celle de Boulogne, se trouvait autrefois en l'église d'un village, à deux lieues de Montdidier, nommé encore aujourd'hui *Boulogne-la-Grasse*. La ville de *Boulogne-sur-Gesse*, au diocèse de Toulouse, avec son église sous le patronage de la sainte Vierge, peut être regardée à son tour comme une ancienne vassale

(1) *In chron. Belg. ad an.* 1280.

de Boulogne-sur-Mer, bien que dans cette petite cité, non plus qu'à Boulogne-la-Grasse, on n'ait conservé aucun souvenir de l'auguste suzeraine. Nous parlerons tout à l'heure avec quelques détails de *Boulogne-sur-Seine* ou *la Petite*. Rappelons encore qu'à Saint-Saene, en Normandie, de même qu'à Voreppe, près Grenoble, on honore une petite statue de la sainte Vierge à laquelle on donne le nom de Notre-Dame de Boulogne. Enfin, on a vu de nos jours un pieux monarque faire construire, à Naples, près de l'arsenal, sur le môle, une église des marins dont une des plus belles chapelles est dédiée à Notre-Dame de Boulogne. « Ainsi, au pied du Vésuve, sur les bords de la Méditerranée, comme aux rives de l'Océan britannique, *l'Étoile de la mer* protège le marin sur les flots, aussi bien que le pèlerin de la vie sur l'océan du monde (1). »

Les anciens pèlerins de Notre-Dame, quand ils venaient prier Marie de leur être favorable, ne négligeaient pas d'emporter avec eux des souvenirs qu'ils pussent conserver au foyer domestique, pour rester sous la protection de la puissante Vierge. Nous voulons parler des médailles sur lesquelles était représentée l'image de leur divine protectrice. « On en fabriquait de toutes

(1) L'abbé Daniel Haigneré.

sortes de métaux, mais particulièrement d'or et d'argent; et il s'en débitait une telle quantité dans la ville, que la plupart des orfèvres et autres ouvriers n'étaient occupés qu'à ce travail. Plusieurs de ces médailles se sont sauvées du naufrage des temps, et il s'en voyait encore, dit Ant. Le Roy, en beaucoup de lieux de Flandre et d'Artois, surtout en la ville de Saint-Omer, laquelle, étant la plus voisine de Boulogne, avait avec elle un commerce plus particulier de religion. »

Quel est le pèlerin qui ne rapporte aujourd'hui encore, de son voyage à Boulogne, une de ces petites médailles, représentant Marie dans son bateau, arrivant sur cette plage pour y établir désormais son règne bienfaisant? Plus que jamais cet antique et pieux usage refleurit de nos jours. Malheureux celui qui sourirait ici de pitié ou de mépris! Qu'a donc de puéril et d'étrange cette touchante coutume? Redisons-le avec un vieil historien : « On a gravé les images des princes dessus la monnoye, avec laquelle on fait le trafic et l'on se procure les biens nécessaires à la conservation de la vie, comme si le prince était présent partout par sa bonté et sa vigilance pour secourir toutes les nécessités : selon cette considération, il ne devrait point y avoir au monde de lieux et de personnes qui ne portassent l'image de la sainte Vierge, parce qu'elle présente partout le secours de ses grâces, et si on ne les ressent pas, c'est que l'on a trop peu de mérite ou trop peu de foi pour les recevoir (1). »

(1) Le P. Alph. de Montfort : *Hist. de Notre-Dame de Boulogne.*

CHAPITRE III

Les gloires de Notre-Dame de Boulogne, pendant les xive et xve siècles.

Vers la Saint-Michel de l'an 1304, au retour d'une bataille, un roi vainqueur s'en venait dévotement en pèlerinage à Notre-Dame de Boulogne, « *qu'il avait réclamée à son grand besoing*, comme dit un chroniqueur contemporain, et s'acquitta gracieusement de son offrande... et puis il y fait moult d'autres biens. »

Ce roi, c'est Philippe le Bel, revenant de la célèbre bataille de Mons-en-Pevèle, gagnée par les Français, le 18 août 1304. Le prince vainqueur avait été redevable de la vie à la protection de Notre-Dame de Boulogne. « Le roi combattait valeureusement, dit l'historien des Comtes de Flandre; une troupe compacte de Flamands arriva jusqu'au monarque par une charge terrible, blessa son cheval et le précipita lui-même à terre. Ses écuyers, malgré le poids de son corps et de son armure, le relevèrent pour le monter sur un de leurs chevaux. Philippe se remettait en selle, et les deux braves écuyers tenaient encore le frein du destrier royal, lorsqu'une seconde colonne, fondant avec rage, les écrase à l'instant. Quant au roi, étourdi de sa chute et du fracas dont il était entouré, il ne pouvait manier sa nouvelle monture qui, vigoureuse et fringante, se cabrait dans la mêlée. Il allait infailliblement périr, mais, *par un hasard providentiel*, un soudoyer flamand blesse le roi et son cheval avec une longue pique. L'animal, sentant l'aiguillon, se dresse, puis d'un bond fend la presse, et entraîne son cavalier, malgré lui, à la suite d'autres chevaux (1). »

Ce *hasard providentiel* dont parle l'historien, c'était Notre-Dame de Boulogne, invoquée par le monarque « à son grand besoing? »

Un roi de France, victorieux dans une grande bataille, venant s'agenouiller dans un sanctuaire de Notre-Dame, devant la miraculeuse image de Celle qui lui a conservé la vie et la couronne! c'est là un acte mémorable dans la vie d'un prince dont le règne offre de tristes et affligeants

(1) M. Edward Leglay.

souvenirs. Voyez avec quelle pieuse libéralité il s'empresse de témoigner à la Vierge sa reconnaissance! Philippe le Bel offrit un « beau reliquaire en vermeil doré, où d'un côté était un crucifix, et de l'autre un beau cristal contenant quelques parcelles de la vraie Croix, enchâssé dans un émail d'or, le tout enrichi des armes de France et de Navarre (1). » Afin d'accroître la splendeur du culte divin dans cette antique église, ce même prince en augmenta les revenus par plusieurs dons considérables.

Dans cette même église de Boulogne fut célébré avec la plus royale magnificence, le 25 janvier 1308, le mariage d'Isabelle de France, fille de Philippe le Bel, avec Édouard II, roi d'Angleterre. Un historien anglais du quinzième siècle nomme, parmi les assistants, Henri de Luxembourg, roi des Romains; Charles d'Anjou, roi de Sicile; Marie, reine de France, veuve de Philippe le Hardi, et Marguerite de Bourgogne, femme du jeune roi de Navarre. Boulogne aurait donc alors compté dans son enceinte cinq rois et quatre reines. Plusieurs des membres de cette illustre compagnie firent de riches présents à la Vierge vénérée. La reine de Navarre, entre autres, Marguerite de Bourgogne, femme de

(1) Le Roy.

Louis le Hutin, lui offrit « un chef d'argent couronné à la façon de reine. » Au reste, le retentissement que dut avoir par tout le royaume cet événement mémorable, suffisait à faire connaître de plus en plus le sanctuaire de Boulogne.

La renommée en était parvenue jusqu'à la cour pontificale d'Avignon. En effet, lorsque le trop complaisant ministre des attentats de Philippe le Bel contre le vénérable pontife Boniface VIII, Guillaume de Nogaret, se présenta devant Clément V, pour être absous de ses crimes, le Pape lui enjoignit, comme pénitence, de faire personnellement les pèlerinages de Notre-Dame de Mauvert, de Roc-Amadour, du Puy, de *Boulogne-sur-mer* et de Chartres ; la visite des églises de Saint-Éloi de Noyon et de Montmayor, et enfin le voyage de Saint-Jacques de Compostelle (1).

Le sanctuaire de Boulogne figure au premier rang parmi les *pèlerinages mineurs* dans un des registres où l'on trouve le classement officiel des principaux sanctuaires de la chrétienté. Le tribunal établi à Carcassonne pour extirper l'hérésie albigeoise des provinces du Midi, avait moins à cœur de frapper les coupables que de les ramener aux pratiques de la vraie foi. Aussi voyons-nous, dans ses sentences, un

(1) Raynaldi, continuateur de Baronius : *Ad. an.* 1311.

grand nombre de condamnations à des peines religieuses, parmi lesquelles revient presque invariablement l'obligation d'accomplir quelques pèlerinages. Les plus lointains et les plus célèbres étaient la peine des plus grands crimes. M. l'abbé Haigneré mentionne trois jugements rendus aux années 1318, 1324, 1329, qui envoient des pèlerins à Notre-Dame de Boulogne, et il recueille ailleurs beaucoup d'autres faits semblables. Cette pratique des pèlerinages judiciaires était, en effet, entrée dans le droit pénal de la France, pour les tribunaux laïques aussi bien que pour la justice ecclésiastique, et cette pénalité ne tomba que fort tard en désuétude. L'historien Le Roy a vu lui-même, de son temps, des condamnés qui venaient accomplir leur pèlerinage en exécution des arrêts rendus par la cour d'Artois (1). »

Autres temps, autres mœurs! Cette pénalité religieuse a dû disparaître de nos codes; mais cette justice des vieux âges, qui s'occupait d'améliorer les âmes sans se borner à maintenir l'ordre matériel, avait pourtant son caractère auguste et respectable. Écoutons M. l'abbé Haigneré : « Les hérétiques à qui, en expiation de leurs scandales, on avait enjoint la visite de quel-

(1) *Hist. de Notre-Dame de Boulogne.*

qu'un de ces lieux consacrés, partaient le bourdon à la main et la pannetière à la ceinture. Munis d'un sauf-conduit délivré par leur évêque, la respectueuse hospitalité du peuple chrétien leur était assurée sur la route au moyen de la double protection de la foi et du malheur. Ils étaient revêtus de vêtements d'une forme particulière, qui les distinguaient des voyageurs ordinaires, ou du moins ils portaient sur leur tunique une large croix de feutre jaune qui indiquait à tous leur profession.

» N'y a-t-il pas une grande idée morale dans l'injonction faite à ces pauvres hérétiques, d'aller ainsi parcourir la catholicité pour y voir que partout régnait la même loi, que partout se célébrait le même culte et s'accomplissaient les mêmes cérémonies? Pouvaient-ils, après cela, ne pas mépriser leurs docteurs de mensonge, ne pas s'attacher à cette belle unité de soumission et de doctrine qui fait de tant de cœurs un seul cœur, et de tant d'âmes une seule âme, sous la houlette du successeur de saint Pierre (1)? »

Sur les rives charmantes de la Seine, près de la belle résidence d'été de nos monarques, et à l'extrémité du bois si cher aux Parisiens, s'élève une petite cité qu'on appelle aussi *Boulogne*,

(1) *Hist. de Notre-Dame de Boulogne.*

Beaucoup de Parisiens qui la traversent souvent ignorent peut-être l'origine de son nom et de sa prospérité. Apprenons-leur que *Boulogne-sur-Seine* doit sa naissance et sa petite célébrité à la piété extraordinaire des habitants de Paris, au quatorzième siècle, envers Notre-Dame de *Boulogne-sur-Mer*.

Laissons parler ici encore son vieil historien :

« Ils avaient, dit Le Roy, une merveilleuse dévotion à cette glorieuse Vierge, et tous les ans, régulièrement, ils faisaient le voyage de Boulogne pour lui rendre leurs vœux devant sa sainte image. Mais venant à faire réflexion que cette pieuse coutume pourrait à la fin être interrompue, ou par les accidents de la guerre, ou par la nécessité de leurs affaires domestiques, qui ne leur permettaient pas de réitérer si souvent un si long pèlerinage, ils s'avisèrent, par une précaution également sage et religieuse, d'établir dans leur voisinage un nouveau lieu de dévotion pour servir d'un heureux supplément au premier.

» Ce fut en l'an 1320 que se fit cet établissement, dans le village de Menus, proche de Saint-Cloud, qui en a retenu depuis ce temps-là le nom de Boulogne, ainsi que le bois qui en est tout voisin. Ce village, qui n'est distant de Paris que d'environ deux lieues, parut à ces dévots fondateurs un endroit fort commode et fort propre pour être le terme d'un pèlerinage raccourci : la situation leur en plut même assez, en ce que la Seine, sur le bord de laquelle il est situé, leur représentait, comme en petit, ce bras de l'Océan qui arrose le rivage de l'ancienne Boulogne, où ils avaient été tant de fois révérer l'image de l'illustre Patronne de ce lieu.

» Au reste, ils ne voulurent point entreprendre cette fondation sans la participation de Philippe le Long, roi de France et de Navarre, à qui cette ferveur de ses sujets envers Notre-Dame de Boulogne fut d'autant plus agréable, que lui-même se souvenait de l'avoir honorée dans son église de Boulogne, lorsqu'il y vint avec le roi son père et toute la famille royale, au sujet du mariage de sa sœur avec le roi d'Angleterre Edouard II. Il leur accorda donc très volontiers la permission qu'ils lui demandaient, et leur en fit expédier des lettres fort authentiques, où il témoigne, entre autres choses, qu'il est bien aise de contenter en ce point les pieux désirs de plusieurs notables citoyens de Paris, qui avaient coutume d'aller tous les ans à Notre-Dame de Boulogne-sur-Mer, et qui en ayant goûté la dévotion, la voulaient conserver par l'établissement d'une confrérie et par l'érection d'une église à la gloire de Dieu et de la très sainte Vierge. »

Cet église fut bâtie dans le village de Menus, qui, en l'honneur de la sainte Vierge, porta désormais le nom de *Boulogne*. La première pierre de l'édifice, construit sur un fonds relevant de l'abbaye de Montmartre, fut posée solennellement par Philippe le Long, accompagné de Philippe de Valois son cousin et d'un grand nombre de seigneurs. Un inventaire de la trésorerie de l'église, fait au mois d'août 1783, y constate la présence de deux truelles à manches d'argent, parsemées de fleurs de lis, qui servirent à la cérémonie. Elles ont disparu en 1790.

L'église de Boulogne-sur-Seine fut bénite le premier dimanche de juillet 1330. Le village de Menus, qui dépendait de la paroisse d'Auteuil, en fut alors séparé et devint lui-même, sous son nouveau nom, une paroisse où le culte de la sainte Vierge fut toujours florissant. « Cette nouvelle église, dit le vieil historien de Notre-Dame de Boulogne, ayant été ainsi érigée pour servir d'un éternel monument à notre ancien et célèbre pèlerinage, les papes, les rois et une infinité d'autres personnes de marque ont pris à tâche de la combler de grâces, de priviléges et de bienfaits.

Après avoir rappelé l'ancienne confrérie établie en cette église, dans laquelle s'est « fait un heureux reflux de ces grâces et de ces faveurs que le Ciel versait autrefois si abondamment dans l'ancienne chapelle de Notre-Dame de Boulogne. » le même historien continue ainsi : « .... Tous ces miracles ne servent pas peu à rehausser le lustre de cette ancienne confrérie qui fait profession d'honorer Notre-Dame de Boulogne; confrérie que je puis appeler toute auguste et toute royale, puisque les rois et les reines ont fait gloire d'y donner leurs noms. On y voit, en effet, écrits en lettres d'or, ceux des rois Charles le Bel et Philippe de Valois, de Jean et de Charles son fils, de Charles VI et de Charles VII, d'Elisabeth de Bavière et de la reine Marguerite. L'inscription du catalogue où sont couchés tous ces illustres noms, est conçue dans ces termes : « La grande confrérie de Notre-Dame de Bou-» logne-sur-Mer, composée de pèlerins de l'un » et l'autre sexe, fondée en l'église de Notre-» Dame de Boulogne la Petite, proche Saint-» Cloud ; » ce qui prouve évidemment ce rapport essentiel de dépendance qu'il y a toujours eu de Boulogne-sur-Seine au fameux pèlerinage de Boulogne-sur-Mer, dont elle tirait son origine... »

Cette dévotion resta longtemps célèbre dans

l'église paroissiale de Boulogne-sur-Seine, près Paris. « Cette église, disait du Breul au dix-septième siècle, a esté fort fréquentée jusques à présent par la dévotion du peuple de Paris (1). » Une inscription qui subsiste encore dans l'église actuelle de cette paroisse, nous apprend que l'on y possédait un morceau de la vénérable image de Notre-Dame de Boulogne-sur-Mer. Cette relique, qui a disparu avec tant d'autres dans la tourmente révolutionnaire, était, sous la protection du roi, comme celle du trésor de la sainte chapelle. Elle ne pouvait sortir de l'église que « par un arrêt de la chambre des comptes, comme appartenant originairement au roi, qui a permis qu'on la portât une fois par an, sous un dais, et pieds nus, avec flambeaux et encens, à l'abbaye de l'Humilité de la sainte Vierge, bâtie par sainte Elisabeth, et dite Notre-Dame de Longchamps (2). »

La confrérie de Notre-Dame de Boulogne-sur-Seine refleurit de nos jours; son pèlerinage est fréquenté encore; chaque année elle a son jour

(1) *Théâtre des antiquités de Paris.*

(2) V. *Précis historiques de la fondation de l'église et de l'érection de la grande confrérie de Notre-Dame de Boulogne la Petite;* par J. Le Cos, curé de cette paroisse. 1853. — La confrérie de Notre-Dame a été rétablie à Boulogne-sur-Seine au mois de mai 1853.

de fête, où l'image de Marie dans son bateau est portée en triomphe dans les rues de la petite cité. Heureux donc aujourd'hui, comme autrefois, les Parisiens qui, malgré les facilités du voyage, ne peuvent aller encore à Boulogne-sur-Mer! Sur des rives charmantes, aux portes de la capitale, ils retrouvent sans fatigue et sans frais le bien-aimé pèlerinage.... Ils ne pouvaient aller à lui... c'est donc lui qui s'est rapproché d'eux, pour leur dispenser encore des bienfaits et des grâces!...

Revenons sur les rives de la Manche. Voici encore d'illustres pèlerins. Plus que jamais la France a besoin du secours de son auguste Patronne. On sait quelles calamités fondirent sur ce beau royaume, après la bataille de Poitiers et durant la captivité du roi Jean. Au mois d'octobre de l'an 1360, le dauphin Charles, son fils, arrivait à Boulogne, pour y attendre le retour de l'infortuné monarque et hâter la conclusion de la paix entre la France et l'Angleterre.

C'est aux temps de calamités surtout que les rois comme les peuples ont recours à l'appui du Ciel et viennent implorer la protection de sa divine Reine. Aussi voyons-nous les princes de la maison de France témoigner hautement leur foi et leur piété en cette occasion envers le souverain Maître du monde et la glorieuse Vierge

Mère de Dieu, honorée dans l'église de Boulogne. Des lettres, expédiées à cette date par Charles, duc de Normandie, dauphin de Vienne, régent du royaume, attestent hautement que la dévotion l'a conduit au sanctuaire de Boulogne. Il rend à Marie ce beau témoignage, « que par Elle, Dieu opère de nombreux miracles à sa louange, dans toutes les parties du monde, mais principalement dans le royaume de France, et entre autres lieux, à Boulogne-sur-Mer, dans l'église qui y est dédiée en son honneur, et *où se rend, à cause de cela, en grande affluence, le concours incessant de tous les peuples.* »

Le dauphin Charles voulut doter l'église de Notre-Dame d'un autel royal, dans l'endroit même où était érigée la statue de la glorieuse Vierge, et où s'opéraient chaque jour d'innombrables miracles par son intercession (1). Le prince s'occupa ensuite de régler l'ordre de l'office divin, qui devait y être célébré à perpétuité. Il dota cet autel de riches revenus. L'acte qui constate son érection et les donations faites pour l'enrichir est un des beaux monuments de la dévotion des rois de France envers la Reine des cieux, « L'on

(1) In eo loco, quo imago Virginis gloriosæ stabat erecta, et in quo specialiter fiunt quotidiè innumerabilia mirabilia ipsius Virginis precibus et intercessione....

y remarque partout, dit l'historien Le Roy, une espèce de conflit agréable de la piété chrétienne avec la magnificence royale, et ces deux vertus semblent disputer entre elles qui aura l'avantage dans une action si belle et si sainte....

» Bientôt après, poursuit le vieil historien, le Ciel se rendit propice à des vœux si justes et si fervents.... Dieu, qui tient les cœurs des rois entre ses mains pour les tourner et les fléchir comme il veut, rendit celui du roi d'Angleterre plus traitable en faveur de son prisonnier, et l'obligea à se relâcher sur beaucoup de conditions iniques, que la France n'était pas du tout en pouvoir d'accepter. De sorte que, tous les obstacles qui s'opposaient au retour du roi étant levés et toutes les difficultés étant aplanies, cet illustre captif fut remis en liberté. Il partit de Calais, qui était alors sous la domination anglaise, le 25 octobre 1360, et s'en vint à Boulogne. Froissart (1) rapporte qu'il fit un voyage à pied par dévotion, et qu'il arriva dans cet humble équipage à la façon d'un pèlerin, dans l'église de Notre-Dame de Boulogne, où il s'acquitta de son vœu avec beaucoup de respect (1)... »

(1) Et se mit le roy tout à pied, en intention de veuir en pèlerinage à Nostre-Dame de Boulogne. *Chron.* liv. I. part. II. ch. 189.

(2) Ant. Le Roy.

Le roi Jean fut accompagné dans son pèlerinage par les fils du roi d'Angleterre. Le prince de Galles, avec ses deux frères, Lionel, duc de Clarence, et Edmond, comte de Cambridge plus tard duc d'York, cheminaient pieusement près de lui, « et ainsi virent-ils *tout de pied*, dit Froissart, et jusques à Boulogne devant dîner, où ils furent reçus à moult grand'joie, et là était le duc de Normandie (le dauphin) qui les attendait. Si vinrent les dessus dits seigneurs *tous à pied* en l'église de Notre-Dame de Boulogne, et firent leurs offrandes moult dévotement. »

Le lendemain, les princes anglais prirent congé du roi et retournèrent à Calais. Quant au roi, il resta à Boulogne quelques jours encore, logé dans un appartement de l'abbaye, qu'on lui avait superbement préparé. « Il ne prolongea ainsi son séjour en cette ville, dit l'historien, que pour s'acquitter à loisir des vœux qu'il avait faits à Notre-Dame de Boulogne, à qui il se sentait obligé du recouvrement de sa liberté. Il ratifia agréablement tout ce que Charles, son fils, avait fait en son nom. Il y ajouta encore de son propre mouvement soixante livres parisis, à prendre chacun an sur le péage, au travers de Nempont, entre Montreuil et Abbeville, pour l'entretènement d'un cierge ardent devant la sainte image, pendant le sacrifice. Depuis ce temps jusqu'à la fin de ses jours, il conserva une affection singulière envers Notre-Dame de Boulogne (1). »

Je ne sais si, dans toute notre histoire, on rencontre un exemple plus touchant de la dévotion de nos rois envers Notre-Dame, que celui de ce royal prisonnier, délivré de sa captivité, s'en venant *à pied* de Calais à Boulogne, escorté par les fils du roy d'Angleterre, et montant avec eux jusqu'au bien-aimé sanctuaire, pour remercier la sainte Vierge de son heureuse délivrance. Ce souvenir doit occuper un rang d'honneur dans nos annales. Quel témoignage plus éclatant de la vénération que les souverains des deux royaumes professaient pour le sanctuaire où s'étaient accomplis tant de miracles ! « L'Angleterre était trop voisine de la France pour ignorer ces grandes merveilles : c'étaient des choses qui se passaient, pour ainsi dire, sous ses yeux. »

Les pèlerinages et les offrandes continuent jusqu'à la fin du quatorzième siècle avec la plus grande ardeur. Pendant le cours des longues négociations pour la paix entre la France et l'Angleterre, commencées en 1382, nous voyons la ville de Boulogne devenir le rendez-vous des

(1) Ant. Le Roy.

hommes les plus célèbres du temps. On ne saurait douter, malgré le silence des historiens, que le sanctuaire de la Vierge n'ait été honoré de pieuses visites par le roi Charles VI, en 1386, par les princes du sang royal, les archevêques, les évêques, les comtes et les chevaliers du royaume, venus successivement pour traiter la réconciliation des deux puissances rivales. En 1390, les trois chevaliers français, Jean le Meingre de Boucicaut, Renaud de Roy, le sire de Semby, vainqueur des chevaliers d'Angleterre, de Hainaut et de Lorraine, dans le célèbre tournoi de Saint-Inglevert, s'en viennent présenter, à la suite de leur victoire, « leurs chevaux et harnois en l'église de Boulogne (1). » Les anciens inventaires du trésor de Notre-Dame mentionnent une offrande spéciale du maréchal de Boucicaut : c'était « un fermail d'or, en forme de sautoir, au milieu duquel estoit un éléphant portant un chasteau, le tout enrichy de perles et de pierreries. » Beaucoup d'autres offrandes de divers princes ou seigneurs vinrent enrichir le sanctuaire à la fin du quinzième siècle.

« Tous ces vœux si considérables et tous ces présents si riches de tant de princes étrangers, dont la plupart n'étaient pas fort dans les intérêts

(1) Juvénal des Ursins : *Chronique*.

de la France, montrent évidemment que le doigt de Dieu se faisait respecter dans l'église de Notre-Dame de Boulogne, et que la vertu céleste qui s'y manifestait était la seule source de ce concours si merveilleux de tant de personnes de toute sorte d'état et de pays. »

CHAPITRE IV

Suite de l'histoire de Notre-Dame jusqu'à l'érection d'un siège épiscopal à Boulogne (1567).

Charles VII, n'étant encore que dauphin, avait offert à Notre-Dame de Boulogne les témoignages de son respect et de sa vénération. « Il lui consacra une grande image de vermeil doré, qui avait sur la tête une couronne enrichie de perles et de pierreries, et qui tenait une relique en sa main. Cette image était posée sur un piédestal d'argent, à six pans, sur l'un desquels étaient gravées les armes du dauphin de France (1). »

Charles VII suivait l'exemple de ses prédécesseurs, et en particulier du duc de Berry, son grand oncle. Ce prince, qui porta le titre de comte de Boulogne, à raison de son mariage

(1) Ant. Le Roy.

avec l'héritière de cette maison, avait été l'un des plus célèbres bienfaiteurs de l'église de Notre-Dame.... A la mort de Jean de Berry (1415), le comté de Boulogne passa aux mains des ducs de Bourgogne. Les nouveaux possesseurs du comté ne se montrèrent pas moins dévoués que les anciens au culte de l'antique Reine de ces bords de la Manche. Toute la noblesse de France, de Bourgogne et du Bourbonnais s'empressait alors à l'envi d'orner les autels de Notre-Dame.

Parmi ces illustres pèlerins ou bienfaiteurs, brillent au premier rang les ducs de Bourgogne, Philippe le Bon et Charles le Téméraire. On voyait, dans la chapelle de Notre-Dame, devant la sainte image, les effigies d'or massif de ces deux princes, qui les représentaient à cheval... Celle du duc Charles était la plus remarquable : « Elle exprimait, dit le Roy, un homme armé ; tenant d'une main son épée où pendait l'écu des armes de Bourgogne, et de l'autre les rênes de son cheval qui était émaillé de gris et pommelé d'or sur un piédestal de vermeil doré. » Suivant quelques historiens, après la bataille de Montlhéry (1495), Charles le Téméraire fit à pied le pèlerinage de Notre-Dame de Boulogne, en actions de grâces des imminents périls auxquels il avait échappé dans cette journée mémorable (1).

Le sanctuaire de Notre-Dame voyait arriver chaque jour dans son enceinte non seulement de hauts et puissants barons, mais encore les seigneurs des villages et des simples hameaux. Les dons et les offrandes les plus considérables venaient enrichir la trésorerie. Jehan de Paul, abbé de Notre-Dame, donna, en 1468, « une couronne d'argent doré, où estoient enchâssées plusieurs reliques que le trésorier donnait à baiser aux pèlerins et leur mettait sur la tête (2). »

Mais voici l'acte le plus mémorable peut-être de la dévotion de nos rois envers l'auguste protectrice de la cité boulonnaise; je veux parler de l'inféodation du comté de Boulogne par le roi Louis XI, entre les mains de Notre-Dame.

Victorieux du vaillant duc de Bourgogne, Charles le Téméraire vaincu et tué sous les murs de Nancy, Louis XI s'empressa de se rendre maître de la plus grande partie de son héritage. En peu de jours, la Picardie et l'Artois lui furent soumis; Abbeville, Péronne, Arras lui ouvrirent successivement leurs portes. Boulogne, ville alors merveilleusement forte de murailles et de fossés

(1) Kervyn de Lettenhove : *Notes sur quelques manuscrits de la bibliothèque de Bourgogne.*

(2) Ant. Le Roy.

couverts, se rendit elle-même après quelque résistance. Le roi y entra le 20 avril 1477. Ses premiers soins furent de remercier Dieu d'avoir béni ses armes, non seulement en cette dernière occasion, mais encore en de plus importantes. Sa reconnaissance s'exprima par plusieurs fondations pieuses et considérables dans l'église de Notre-Dame. Louis XI appréciait mieux que personne l'importance de sa nouvelle conquête. Un motif politique, joint à la dévotion qu'il professait pour la sainte Vierge, le détermina à transporter, de son autorité royale, l'hommage du comté de Boulogne à Notre-Dame.

« La dite comté de Bourgogne, dit un chroniqueur, estoit auparavant tenue en fief de la comté d'Artois; mais le roy de cette heure s'en fit nouvel seigneur, et en fit hommage deschant et à genoux, à la glorieuse Vierge Marie, en l'église d'icelle, présens l'abbé, les religieux mayeur, eschevins et habitans, et donna pour avoir ce droit, devant l'image de la dite Vierge, un cœur de fin or, pesant deux mille escus, et ordonna que tous ses successeurs roys de France tiendroient dores en avant la dite comté de la ViergeMarie etferoient oblation pareillement(1). »

Des lettres patentes données à Hesdin au mois

(1) *Chronique* de Mollinet.

d'avril 1478, constatent cette donation en ces termes : « Pour la grande et singulière dévotion que nous avons à la glorieuse Vierge Marie Mère de Dieu, notre Créateur, et à son église collégiale fondée en la dite ville de Boulogne, *en laquelle, par l'intercession de la dite Dame, se font chascun jour de grands et beaux miracles*; considérans aussi les très grandes et singulières grâces que Notre-Seigneur nous a fait, le temps passé, à l'intercession de sa dite glorieuse Mère, laquelle, en la conduite de nos plus grands faits et affaires, nous a toujours imparti son intercession envers Dieu, son fils.... Nous avons, et de notre certaine science, propre mouvement, grâce spéciale, pleine puissance et autorité royale, donné, cédé, transporté et délaissé, donnons, cédons, transportons et délaissons à la dite Dame révérée en la dite église de Boulogne, le droit et titre de fief et hommage de la dite comté de Boulogne, qui nous compétait et appartenait pour raison et à cause de notre comté d'Artois.... Nous et nos dits successeurs seront tenus, en faisant le dit hommage, d'offrir et présenter devant la dite Dame notre cœur, en espèce et figure de métal d'or fin, de la pesanteur de treize marcs d'or, qui sera employé au bien et entretènement de la dite église.... »

« C'était, dit ici l'historien Le Roy, faire connaître à tous ceux qui aborderaient désormais en cette place, qui est une des portes de la France, que ce royaume est acquis à Marie d'une façon toute particulière, et qu'elle possède les cœurs de tous les sujets dans celui du prince qui en est le centre; c'était hautement la déclarer Dame souveraine d'un pays qu'elle avait elle-même choisi pour y faire profusion de ses plus grandes faveurs; c'était enfin lui mettre sur la tête un des fleurons de cette première couronne du monde, qui ne reconnait au-dessus de soi aucune domination temporelle. »

Le vœu de Louis XI, selon la remarque du dernier historien de Notre-Dame, ne fut pas, comme plus tard le vœu de Louis XIII, une consécration à Marie; ce fut une véritable investiture féodale.. Notre-Dame de Boulogne fut nommée suzeraine et comtesse du pays, ayant droit à l'hommage du roi, comme vassal.... Quel que soit le jugement porté sur ce monarque qui eut à la fois plusieurs des défauts des plus mauvais princes et plusieurs des vertus des meilleurs, cet hommage que Louis XI a fait à Notre-Dame de Boulogne restera comme un des faits les plus remarquables de ce règne si diversement apprécié.

La Vierge de Boulogne, suzeraine des rois de

France, vit augmenter dès lors sa puissance et la gloire de son nom. Le peuple redoubla l'hommage de sa dévotion, en même temps que les libéralités des princes et seigneurs enrichissaient merveilleusement l'église de Notre-Dame. Au dire des relations d'alors, la splendeur du sanctuaire égalait sa popularité : il resplendissait d'or, de diamants, de tableaux rares, de statues magnifiques, témoignage de la piété et de la générosité des donateurs. On y voyait en même temps d'innombrables *ex voto*, offrandes plus simples, mais là comme partout, les plus touchantes et les plus précieuses ; car ces modestes *ex voto* expriment toujous la reconnaissance du pauvre et la puissance de sa prière auprès de la Vierge secourable, qui sur la terre fut humble et pauvre comme lui.

Les hospices construits près de l'église ou dans le voisinage pour abriter les pèlerins s'ouvraient pour en recevoir un plus grand nombre. Au mois de décembre 1484, nous voyons Pierre, abbé de Saint-Wulmer de Boulogne, faire un appel à la piété des fidèles chrétiens pour la réparation de la maison hospitalière de Saint-Nicolas d'Haudisque, dévastée par les malheurs de la guerre. Un cimetière spécial avait été préparé, comme on l'a vu ailleurs, pour recevoir le corps de tous ceux dont la mort avait interrompu le pèlerinage terrestre et qui étaient allés l'achever au ciel.

Après Charles VIII, on vit les rois Louis XII et François Ier, qui parvinrent successivement à la couronne, se reconnaître, comme Louis XI, les humbles vassaux de celle établie la Dame souveraine du Boulonnais, en lui payant chacun leur hommage d'un cœur d'or de treize marcs.

Un jour du mois d'octobre 1514, les habitants de Boulogne virent, prosternée aux pieds des autels de leur auguste patronne, une jeune princesse qui allait s'asseoir sur le trône de France : c'était Marie d'Angleterre, sœur de Henri VIII, promise en mariage au roi Louis XII, devenu veuf par la mort de la reine Anne de Bretagne. La réception faite par les Boulonnais à la jeune épouse de leur roi, fut des plus splendides. Suivant l'usage du temps, on avait préparé, pour complimenter la princesse, une sorte de composition scénique d'une invention naïve et pieuse. Au-dessus du pont-levis de la porte des Dunes, était suspendu, par un mécanisme ingénieux, un bateau décoré de peintures où les roses d'Angleterre se mariaient aux lis de France. On y lisait cette inscription : *Un Dieu, un Roy, une foy, une loy.*

Dans le bateau se tenait une jeune fille habillée

comme la Vierge Marie, et deux jeunes enfants qui figuraient des anges. C'était la représentation vivante de Notre-Dame de Boulogne. La Vierge suzeraine et comtesse du pays se trouvait officiellement chargée de faire à la fille de Henri VII les honneurs de la cité. Elle tenait dans sa main le présent que la ville destinait à la jeune princesse : c'était un cygne d'argent dont le cou entr'ouvert laissait pendre un cœur d'or du poids de soixante écus.

Lorsque le brillant cortège, allant chercher au port la jeune fiancée du souverain, fut arrivé devant le pont-levis, on vit le bateau descendre soudain à fleur du sol, et l'on entendit autour de la princesse le dialogue suivant entre la Vierge Marie et les anges (1) :

Qui est la belle et triomphante pucelle
Pleine d'honneur, de beauté et de sens,
Que nous voyons monter comme l'encens
Par devant nous, ô noble jouvencelle ?

Le premier ange répondit :

C'est de beauté la rosette fleurie,
La souveraine et illustre princesse,
Votre filleule appelée Marie,
Par qui la guerre et discorde a pris cesse,
Comme de paix vous fûtes la déesse,

(1) On n'a changé que l'orthographe de ce vieux langage.

Fille et épouse au Roi célestien (Roi du ciel)
Pareillement cette fleur de noblesse
Est fondement de paix et de liesse
Et chère épouse au roi très chrétien.

Et le second ange dit à son tour :

Comme là-haut vous êtes adorée (ornée)
De beaux fleurons, vertueux et jolis,
Semblablement elle est environnée
De bruit, d'honneur et de gens anoblis.
Ici voyons roses et fleurs de lis
Tous d'un accord à sa noble venue :
Louange à Dieu, le Roi de paradis,
Au nom duquel, Madame, je vous dis :
Que vous soyez ici la bienvenue.

Alors la jeune fille qui figurait la Vierge Marie remit à la princesse le présent de la ville, en lui disant :

Fleur de beauté, princesse noble et gente,
Prenez en gré, douce bénignité,
Ce petit don que la communauté
De cette ville humblement vous présente (1).

Peu de temps après cette époque, la reine Claude, fille aînée et héritière d'Anne de Bretagne et de Louis XII, et femme de François Ier, vint à son tour présenter son offrande à Notre-Dame de Boulogne ; c'était une robe et un manteau de drap d'or. Vers la même époque, au mois

(1) Nous reproduisons ces curieux détails d'après l'intéressant ouvrage de M. Daniel Haigneré, qui les rapporte lui-même d'après les vieux historiens.

d'octobre 1532, de grandes fêtes eurent lieu à Boulogne, à l'occasion du séjour qu'Henri VIII et François Ier firent dans cette ville pour y tenir des conférences. L'abbaye de Notre-Dame fut disposée avec magnificence pour recevoir les deux rois et leur suite (1). Au milieu de ces honneurs splendides, les deux Majestés n'oublièrent pas leur titre de monarques chrétiens. Avant de descendre au logis qui leur avait été préparé, elles se rendirent à l'église de Notre-Dame, où elles firent leur offrande à la Vierge de Boulogne.

Les pèlerins de ce temps, monarques ou sujets, en entrant dans l'église de Notre-Dame, y lisaient une inscription en vers latins, placée sur le pilier le plus rapproché de la porte, et contenant le récit de l'arrivée de la statue de la Vierge Marie Boulogne. Nous devons la connaissance de cette inscription à une lettre écrite par un religieux bénédictin de Saint-Sauve de Montreuil, le 24 juin 1520, et actuellement conservée à la bibliothèque du Vatican (2). Elle est sans date et constate

(1) D'après un état des fournitures, conservé parmi des mémoires du temps, la suite de François Ier aurait compris un total de six cents personnes, non compris deux cents quarante palefreniers et autres valets. (L'abbé Daniel Haigneré.)

(2) Voir le texte de cette lettre et de l'inscription : *Biblioth. de l'École des chartes*, t. III, 4e série. 1857. p. 458. Et pour la traduction, *Hist. de N.-D de Boulogne*, par l'abbé Haigneré.

seulement celle du miracle (634). Il n'y avait déjà plus de souvenir de cette inscription au dix-septième siècle, alors que le P. Alphonse de Montfort publiait son histoire de Notre-Dame de Boulogne. Elle est peut-être du onzième siècle. Très ancienne du moins, elle constate l'antiquité de la tradition du prodige, regardée déjà comme ancienne elle-même à l'époque où ces vers furent écrits.

> . . . . Mariam
> Advectam huc vulgus fama vetusque probat.

Mais voici une grande tempête qui se soulève contre l'Église catholique. Notre-Dame de Boulogne n'échappera point aux fureurs et aux profanations du protestantisme.... L'armée du roi Henri VIII, aussi hostile à l'Église qu'à la France, vint mettre le siège devant Boulogne (juillet 1544), et s'empara de cette place, après une héroïque résistance de deux mois qui couvrit d'un renom immortel le mayeur Antoine Eurvin. L'armée victorieuse dévasta l'église de Notre-Dame. « Il est aisé de se figurer, dit Le Roy, de quelle manière Henri VIII, se voyant maître de la place, s'y comporta envers les choses saintes. Après la sanglante persécution qu'il venait d'exécuter dans toute l'Angleterre contre la religion de ses ancêtres, et après les horribles sacrilèges qu'il venait de commettre dans la plupart des lieux saints de son royaume, il ne fallait pas attendre de lui un meilleur traitement pour l'église de Notre-Dame de Boulogne. Ce temple si auguste, qui avait été inviolable jusqu'alors, fut abandonné par ce victorieux à la discrétion d'une soldatesque insolente, qui satisfit son impiété et son avarice par le pillage d'une infinité de richesses que l'on y conservait depuis tant de siècles. »

Quatre-vingts chariots, apprêtés en apparence pour servir aux habitants, ne servirent en effet qu'aux gens de guerre, qui les chargèrent pour eux-mêmes des meilleures dépouilles de cette ville désolée. L'abbé de Notre-Dame, après avoir obtenu avec peine l'un de ces chariots, et l'avoir rempli de tout ce qu'il avait pu sauver d'objets précieux, eut la douleur de voir tout enlever sur les chemins pendant la nuit.

La statue miraculeuse, devant laquelle Henri VIII, aux jours passés de son ardent catholicisme, avait dévotement prié, fut emportée en Angleterre, après avoir subi mille outrages. « Certes, ajoute Le Roy, ce fut le comble pour l'affliction de Boulogne, de voir enlever l'image qui avait été de tout temps l'objet de sa plus tendre dévotion et le gage le plus assuré de la protection du Ciel ; mais ce ne fut pas encore assez pour contenter l'impiété des Anglais. Comme s'ils eussent eu dessein d'abolir pour jamais la mémoire d'une dévotion si ancienne, ils renversèrent de fond en comble la chapelle où s'étaient faits tant de pèlerinages et où s'étaient opérés tant de miracles, et ils élevèrent sur les ruines une espèce de boulevard, tandis que le reste de l'église leur servait d'arsenal : changeant ainsi en *magasin de Vulcain et sanglante officine de Mars* (ce sont les termes d'un auteur de ce temps-là) (1) *l'église Nostre-Dame, laquelle souloït estre un lieu de grand apport, sainteté et dévotion, et célébré par grands et miraculeux prodiges en toute chrestienté.*

« Après être resté cinq ans et demi au pouvoir des Anglais, Boulogne fut enfin rendu à la France par le traité de Capécure, signé au fort d'Outreau le 24 mai 1550. La conservation de cette ville était devenue impossible pour les Anglais en présence des forces dont la France pouvait disposer. Elle leur avait du reste coûté assez cher, à cause d'une peste effroyable qui décima plusieurs fois la garnison, et qui fut regardée par les historiens comme une punition du Ciel (2).

(1) Guill. Paradin.
(2) Le Roy.

Le roi Henri II avait fait un vœu à Notre-Dame pour le recouvrement du pays sur lequel elle exerçait un patronage spécial de suzeraineté. Le 15 mai 1550, jour de l'Ascension de Notre-Seigneur, ce prince, suivi d'une très nombreuse cour, entra dans Boulogne et accomplit son vœu d'une manière vraiment royale. Il donna une grande statue de Notre-Dame dans un bâteau, en argent massif, du poids d'environ cent vingt marcs, pour remplacer l'image miraculeuse qui avait été emportée en Angleterre. Cette statue fut, depuis lors, conservée dans l'église de Boulogne comme un mémorial de la piété du roi Henri II. Une inscription latine sur une lame d'argent rappelait que « Henri second, roi de France très chrétien, après avoir retiré Boulogne des mains de l'ennemi, a rétabli la Vierge Marie, Mère de Dieu, dans ses honneurs, l'an 1550. »

Enfin, après sept années d'attente, il fut donné aux Boulonais de revoir l'ancienne et véritable image. Le même vaisseau, qui ramena les seigneurs français restés en otage, rapporta cette précieuse dépouille sur le rivage même où le Ciel l'avait amenée. « Le clergé l'y vint recevoir en procession et la porta comme en triomphe dans son ancienne demeure. Le peuple assista en foule à cette cérémonie, et, par mille démonstrations extérieures, fit éclater la joie extrême qu'il avait de revoir briller son étoile après une éclipse d'environ sept années.

» Il ne fut pas longtemps sans en ressentir de favorables influences, car la grâce des miracles se renouvela dans l'église de Boulogne aussitôt que la sainte image y fut rétablie ; ce qui fut cause qu'on y vit bientôt recommencer les pèlerinages et refleurir l'ancienne dévotion (1). »

Henri II donna le premier ici encore de magnifiques preuves de sa piété. Il aida par ses largesses à la restauration et à l'ornement d'une église que les rois ses prédécesseurs avaient tous chérie. A l'hommage du cœur d'or que fit à leur exemple ce royal pèlerin, il ajouta une couronne impériale avec une chaîne de dix-sept anneaux d'or, et ces mots gravés à l'entour : *Henricus II, Rex cliens, patrocinio Deo Matris Virginis, hoc oppido recepto a Deo, 7 calendas maii, an.* 1550.

« Par là, il se déclarait homme lige et vassal de la sainte Vierge, et il avouait, par reconnaissance, que la reprise de Boulogne sur les Anglais n'était due qu'aux secours de cette patronne toute-puissante (2). »

L'exemple du roi eut beaucoup d'imitateurs

(1) Ant. Le Roy.
(2) Idem.

parmi les hauts personnages. Quant au peuple de Boulogne, il voulut donner un témoignage public et perpétuel de sa pieuse reconnaissance. Il fut donc ordonné qu'on ferait tous les ans, le 25 avril, fête de saint Marc, une procession générale en action de grâces de la sortie des Anglais à pareil jour et de l'heureux rétablissement du culte de la sainte Patronne de la cité.

L'érection d'un évêché à Boulogne vint, quelques années après, donner un nouveau lustre à la cité et au culte de son antique Reine. Après la destruction de Thérouanne, la vieille cité des Morins, par l'empereur Charles-Quint, le chapitre de cette ville, voulant rester fidèle à son roi, s'était transporté à Boulogne (1553). Henri II sollicita alors du pape Pie IV la translation du siège épiscopal de Thérouanne en sa ville de Boulogne. La mort imprévue de ce prince, le règne si court de son successeur et les tristes complications des guerres religieuses apportèrent quelque retard à l'érection de ce nouveau siège. Enfin, l'an 1567, le 5 des nones de mars, la deuxième année de son pontificat, le grand pape saint Pie V, cédant aux prières du roi Charles IX, donna une bulle qui, en supprimant l'abbaye de Notre-Dame, érigeait la ville en cité et l'église en cathédrale, sous le nom de

Boulogne et l'invocation de la bienheureuse Vierge Marie (1).

« Ainsi fut rétabli, comme une sentinelle avancée de la foi catholique, cet évêché des Boulonais dont on retrouve le nom sur les anciens diptyques du quatrième ou du cinquième siècle. Il avait été fondé pour faciliter la conversion de la Grande-Bretagne au christianisme ; et, dans les desseins de Dieu, son rétablissement devait contribuer à ramener dans le sein de la véritable Église les enfants de cette même île, égarés dans les sentiers de l'erreur. Sur la montagne de Boulogne, aux pieds de la Vierge qui règne sur les flots, il se trouvera donc désormais un prélat tenant en main le sceptre du pouvoir ecclésiastique, avec mission de consoler, de bénir, de corriger et de reprendre au nom du Seigneur ! C'était un immense honneur et un bienfait inappréciable pour la ville de Boulogne (2). »

(1) V. la bulle d'érection : *Gallia christiana*. t. x. Instrum. col. 420.

(2) M. Daniel Haigneré.

CHAPITRE V

Notre-Dame de Boulogne pendant les derniers siècles. Nouveaux désastres; nouveaux triomphes.

Vers le même temps où la ville de Boulogne était gratifiée d'un siège épiscopal, l'hérésie souillait son antique sanctuaire d'une nouvelle profanation, par des mains qui n'étaient plus étrangères. Les protestants français, maîtres un instant du Boulonais, à l'aide de la guerre civile et religieuse, se livraient à ces actes de barbarie sacrilège qui partout signalaient leur passage. Ils violaient les tombeaux, dépouillaient les autels, foulaient aux pieds les saintes reliques. Un jour, le dimanche 12 octobre (1567), en entrant dans l'église, on s'aperçut que l'image miraculeuse de Notre-Dame avait disparu de son autel.... Qu'était-elle devenue? Les plus minutieuses recherches, faites sur-le-champ, n'amenèrent aucun résultat. On dut se résigner à attendre que la Providence fît connaître l'auteur de ce vol sacrilège. Les catholiques demeuraient consternés et tremblants. La disparition de la statue miraculeuse, regardée comme le palladium de la cité, faisait redouter les plus grands malheurs.

Après avoir inutilement tenté de la brûler et de la briser par morceaux, les protestants l'avaient enfouie et laissée sous un tas de fumier. Plus tard, ayant retrouvé la statue nullement endommagée, ils la jetèrent dans le puits d'un château voisin, d'où ils se flattaient qu'elle ne serait jamais retirée (1). Mais la Providence permit qu'elle y fût retrouvée par la femme catholique du châtelain, zélé protestant, et depuis revenu à la foi de ses pères. L'image de la bonne Vierge, transportée par la dame de Honvault dans une des salles de son vieux manoir, avait apporté des grâces abondantes sur la famille du châtelain. Il voulut donc, avant sa mort, remettre ce précieux dépôt en des mains sûres. Un prêtre de Boulogne, nommé Gillot, en qui il avait pleine confiance, fut chargé de l'honorable mission de rendre l'image à la cité, afin qu'elle pût y être rétablie dans ses anciens honneurs.

(1) Le château dit de Honvault, sur la paroisse de Wimille, à peu de distance de Boulogne.

Une touchante tradition se rattache au séjour de la sainte image dans ce puits. Depuis qu'elle en avait été retirée par la châtelaine de Honvault, une goutte d'eau, perlant à travers la muraille, tombait, dit-on, de minute en minute dans ce même puits, *comme une larme pour pleurer le sacrilège des hugenots....*

Le retour de la sainte image à Boulogne, après une nouvelle éclipse de près d'un demi-siècle, fut un événement accueilli avec la plus grande joie. Après une enquête longue et sévère, confirmée par plusieurs miracles, la statue reprit sa place d'honneur sur son antique autel, pour y recevoir, pendant plus d'un siècle et demi encore, les hommages et les vœux des vieux pèlerins(1).

Les pélerinages recommencèrent avec l'empressement et l'enthousiasme du passé. Les miracles, les guérisons et les pieuses offrandes reprirent aussi leurs cours. On a conservé généralement peu de détails sur les faits de cette époque. « Les

(1) Selon l'historien Le Roy, la statue rentra dans Boulogne le mercredi 26 septembre 1607. — On trouve dans l'ouvrage de M. Daniel Haigneré tous les détails concernant le fait du recouvrement de la statue de Notre-Dame, et la sévère enquête ordonnée à cette occasion. — La sainte image, conservée longtemps dans la trésorerie, qui était une chapelle où l'on célébrait la sainte messe, ne fut rétablie enfin dans ses anciens honneurs que le samedi saint, 30 mars 1630, par les soins de Victor Le Bouthillier, troisième évêque de Boulogne.

ennemis de la religion catholique, dit Le Roy, ayant mêlé et confondu les cendres de nos archives avec celles de nos pères, nous ont caché, autant qu'ils ont pu, ce qui faisait l'admiration de l'antiquité. » Mais qu'importent ici les détails? les faits parlent d'eux-mêmes, et ceux qui les ont vus retracés en figures touchantes sur les murs du sanctuaire en rendent eux-mêmes un témoignage public.

L'historien Le Roy signale en effet quelques vieux vestiges de ces anciennes merveilles, que ni la malice des hérétiques ni l'injure des temps n'avaient pu effacer.

« L'on voit, dit-il, sur les murailles de notre église cathédrale, autour du grand portail qui regarde le cimetière, plus de *quarante figures d'enfants morts*, qui ont reçu miraculeusement la vie du corps et ensuite celle de l'âme par le baptême ; des personnes divinement préservées du naufrage, des paralytiques et autres personnes affligées de différentes maladies, qui ont trouvé le remède à leurs maux dans l'invocation de Notre-Dame de Boulogne, dont la représentation paraît encore distinctement dans chacune de ces figures à demi usées. »

Le pieux auteur rappelle qu'on voyait encore quelques années auparavant dans la chapelle, une multitude confuse de figures d'or, d'argent, et de cire, de béquilles et d'autres trophées semblables, témoins irrécusables de maladies vaincues. Il cite lui-même quelques-unes des nombreuses merveilles arrivées de son temps, « n'avançant rien, dit-il, que sur des mémoires fidèles et qui méritent quelque créance. » On voit donc la protection de Notre-Dame de Boulogne s'étendre sur ceux qui ont invoqué son secours en péril de mer, ou dans leurs maladies : des marins sont sauvés du naufrage, des guérisons et faveurs diverses signalent sur divers points du Boulonais et sur toutes sortes de personnes la puissance miséricordieuse de la *patronne singulière* de la cité. La protection de Notre-Dame de Boulogne se fait encore sentir contre le fléau de la peste à diverses époques et notamment en 1666. Lorsque ce terrible fléau infectait toutes les places voisines de Boulogne, celle-ci en fut heureusement préservée. « L'intercession de celle qui a établi son trône dans l'enceinte de ses murailles, et dont l'image orne toutes ses portes, valait mieux, dit Le Roy, que toutes les précautions humaines; d'ailleurs, les prières publiques que l'on faisait tous les jours dans l'église cathédrale étaient encore un puissant préservatif contre cette maladie. »

Dans ces temps de calamités publiques, plusieurs paroisses du diocèse de Boulogne avaient fait des vœux et des promesses à l'auguste Patronne du pays.... « C'est pour s'en acquitter, que depuis quelques années (1704) tant de personnes sont venues processionnellement honorer l'image de la sainte Vierge. Le temps assez considérable qui s'était écoulé depuis ces vœux n'avait point effacé le souvenir des grâces reçues dans ces jours d'affliction : un juste sentiment de reconnaissance a réveillé les esprits; le zèle s'est ranimé; les paroisses de Notre-Dame et de Saint-Pierre de Calais, de Marck, d'Oye, de Guemps, de Sangatte et de Bonningues, des pays reconquis de Licques, de Preures, de Samer, de Desvres et de Wissant, sont venues, sous la conduite de leurs pasteurs, rendre à Dieu leurs solennelles actions de grâces, et se mettre, par de nouveaux hommages, sous la sauvegarde particulière de la Protectrice du diocèse et de toute la province (1). »

Parmi les augustes pèlerins ou pèlerines de Notre-Dame de Boulogne au dix-septième siècle, nous devons nommer le roi Louis XIII (2); et la reine Anne d'Autriche, Marie-Joseph d'Este,

(1) Ant. Le Roy : *Abrégé de l'Hist. de Notre-Dame.*
(2) Le jour de Noël 1620.

femme de l'infortuné roi d'Angleterre Jacques II, exilée de ses trois royaumes, vint aussi faire sa prière dans la chapelle de Notre-Dame (1). « Il semble, dit un auteur, que cette pieuse reine fit, dans cette sainte station, une espèce d'amende honorable de tous les outrages et impiétés commis par la nation anglaise, en vouant son cher fils, le prince de Galles, à la glorieuse Reine des cieux. » Ce jeune prince Jacques III, devenu, par la mort de son père, héritier légitime du trône d'Angleterre, vint lui-même à son tour à Boulogne, à la suite d'une expédition malheureuse. *Il était fort pâle,* disent les chroniqueurs, *et paraissait très affligé de son insuccès.* Le 18 avril 1708, il entendit la messe dans le chœur de la cathédrale ; après la messe, on le conduisit dans la chapelle de Notre-Dame, à laquelle sa mère l'avait voué, et il y pria dévotement. — Le 7 juillet 1744, c'était le roi Louis XV, qui venait aussi faire sa prière dans la chapelle où tant de têtes couronnées s'étaient abaissées devant la sainte image de la reine du ciel....

Depuis les plus hautes majestés, jusqu'au bienheureux Benoît-Joseph Labre, qui pouvait dater de Notre-Dame de Boulogne sa vie de pèlerin si heureusement terminée à Notre-Dame des

(1) Le 27 décembre 1688.

Monts, que de milliers de personnes de tout rang, de toute condition, de tout âge, sont venues prier devant cette image miraculeuse ! Que d'offrandes de toute espèce ont été déposées dans le bien-aimé sanctuaire jusqu'aux tristes jours de sa destruction ! L'une des dernières, comme des plus touchantes, fut sans doute celle des habitants du village d'Ambleteuse, en 1778. Pleins de reconnaissance pour la protection dont les avait gratifiés Notre-Dame de Boulogne durant une maladie épizootique qui désolait les campagnes du Boulonais, ils vinrent lui offrir en *ex voto* une *vache d'argent* ; elle fut appendue aux murailles de la chapelle. Le curé de l'endroit, quelque peu poète, composa pour la circonstance un cantique en forme de complainte, qui fut chanté dans la cathédrale. En voici deux naïves strophes :

Le mal extraordinaire
Qui tuait nos animaux,
Nous ôtant le nécessaire,
Nous menaçait d'affreux maux.
Nous remercions, Marie,
Votre sensibilité ;
Vous nous conservez la vie,
Chassant la mortalité.

Votre riche bienfaisance
Nous demande un grand merci ;
La juste reconnaissance
Nous amène tous ici :

Toute la troupe présente,
En ce tant désiré jour,
Cette vache vous présente
Pour vous marquer son amour (1).

Mais voici des jours d'orages, des jours de désastres et de deuil. Les hommes de 93 devaient frapper Notre-Dame de Boulogne d'un coup plus décisif que les précédents ; elle tomba donc avec tout ce qui dans le royaume de saint Louis était consacré à Dieu. L'église cathédrale devait être vendue et rasée, malgré les nobles efforts du procureur de la commune, Pierre-Daniel Dutertre, homme religieux et loyal. Le réquisitoire inscrit et signé de sa main sur le procès-verbal de l'inventaire, à la date du 6 mars 1791, fut un acte honorable et courageux, dont il y eut malheureusement trop peu d'exemples : mais il fut inutile.

L'inventaire qui fut fait alors des objets mobiliers de cette chapelle la représente ornée de deux drapeaux offerts par les maîtres pêcheurs ; de douze grands tableaux, offerts en vœux par des négociants de Dunkerque ; de dix autres tableaux représentant des naufrages et donnés par les marins de Boulogne. On y voyait, à gauche de l'autel,

(1) *Cantiques en l'honneur de Notre-Dame de Boulogne ;* par Ant. Le Clercq, curé d'Ambleteuse.

la *vache d'argent* donnée par les villageois d'Ambleteuse, et, de l'autre côté, la représentation d'un *hareng* aussi en argent, avec son écriteau donné par les maîtres pêcheurs de Boulogne en 1780; cent quatorze *ex-voto* se trouvaient à droite et à gauche de la chapelle, fixés sur deux planches, et quatorze cœurs en argent et vermeil, sur de petites colonnes adjacentes, brillaient autour de l'image de la Vierge. L'inventaire désigne ainsi cette image : « *La représentation de la Vierge, en bois très antique, tenant l'enfant Jésus dans ses bras, et faisant l'objet de la vénération du peuple.* Sur la tête de la dite Vierge une couronne de vermeil; une autre couronne de métal sur la tête de l'enfant Jésus (1). »

La statue de Notre-Dame de Boulogne fut pendant quelque temps épargnée. « Enlevée de la chapelle qu'elle occupait dans la cathédrale et transportée dans la salle du district (actuellement la sous-préfecture), longtemps elle resta déposée contre le chambranle d'une cheminée. On lui avait ôté ses ornements, et dès lors il fut facile de constater sa haute antiquité. En effet, le bois dans lequel elle avait été sculptée se trouvait tellement vieux, qu'il était difficile d'en reconnaître l'essence, et que, pour la soutenir,

(1) Extrait de l'ouvrage de M. Daniel Haigneré.

il avait fallu l'entourer avec soin de plaques de fer-blanc (1). »

Mais un jour — c'était l'un des derniers jours de décembre 1793 — un ordre du représentant du peuple, André Dumont, vint enjoindre aux républicains de Boulogne de brûler l'antique statue de Notre-Dame. L'ordre sacrilège fut exécuté.

« Des témoins oculaires, rapporte M. Daniel Haigneré, nous ont raconté cette scène lamentable. Le hideux cortège des sans-culottes, armés de piques et hurlant la Marseillaise, avait été chercher Notre-Dame au district. La ville était pleine de peuple; c'était un samedi, jour de marché. La bise glaciale de décembre, un temps pluvieux et lourd, quelque chose comme le ciel de Paris au 21 janvier précédent, ajoutait à l'horreur qu'inspiraient toujours ces démonstrations bruyantes et cet enthousiasme aviné. Il pouvait être de quatre à cinq heures du soir.

» L'épouvante saisit toute la population glacée de terreur à la pensée du crime qu'on allait commettre. Un sans-culotte coiffe la sainte image de l'ignoble bonnet rouge, et l'élève au milieu de la troupe, qui fait retentir l'air de hourras et d'imprécations. Comme dans la passion du Sau-

(1) Hédouin : *Contin. de l'Hist. de Notre-Dame de Boulogne.*

veur, on fait à Notre-Dame des saluts hypocrites, on la soufflette, on l'insulte : André Dumont préside; « il en rendra compte à la Convention. »

« Un bûcher s'allume à côté de l'arbre de la réunion; Notre-Dame y est jetée aux applaudissements de la société montagnarde; et alors des trépignements frénétiques, une ronde infernale, des danses civiques et le son du bourdon communal témoignent que désormais les républicains de Boulogne sont à la hauteur de la révolution(1). »

« Pendant ce tumulte sacrilège, les pieux habitants de maisons voisines, soigneusement enfermés dans leur demeure, s'étaient agenouillés en prières, demandant au Dieu du Calvaire et à la bonne Vierge Marie de pardonner aux bourreaux qui, dans leur délire ne savaient ce qu'ils faisaient (2). »

« Un silence morne accueillit le nouvel Attila, ajoute M. Hédouin, lorsqu'après cette barbare expédition il parcourut les divers quartiers de la ville au son de la musique et des tambours. Dans de telles circonstances, ce silence était à la fois un acte de courage et une grande leçon. »

L'opinion générale est que la statue a été consumée dans le bucher révolutionnaire; aucun

(1) Paroles d'André Dumon, réprésentant.

(2) *Hist. de Notre-Dame de Boulogne.*

témoin oculaire cependant ne l'a positivement affirmé.... A diverses reprises, on répandit le bruit de la conservation de cette relique vénérée; on est allé même jusqu'à citer le nom de la personne vigilante et dévouée qui l'aurait soustraite au bûcher préparé pour elle. Mais rien de certain n'est résulté de ce bruit. Ici encore on ne peut avoir que de très vagues espérances.

« Pour nous, dit M. l'abbé Haigneré, qui n'avons pu converser qu'avec les derniers demeurants de la génération d'alors, nous avons souvent entendu des vieillards nous dire que Notre-Dame serait un jour retrouvée. Ils racontaient que, fort avant dans la nuit, jusqu'à neuf ou dix heures du soir, les patriotes entretinrent le feu sur la place d'armes. On apportait des fagots, du suif, de l'huile : l'antique statue résistait à tous les efforts. Qu'en est-il advenu? Les révolutionnaires de 1793 ont-ils eu le pouvoir de faire ce que n'avaient pu les huguenots de 1567? ou bien ont-ils aussi jeté la sainte image dans quelque immonde cloaque d'où elle sortira un jour pour être rendue à la vénération publique? Il nous semble difficile aujourd'hui d'en conserver l'espoir. »

CHAPITRE VI

Reconstruction de Notre-Dame de Boulogne.

Ce n'était point assez d'avoir arraché du sanctuaire les reliques des saints et brûlé la statue de la Vierge : le marteau de la bande noire fit tomber l'antique chapelle de la Patronne du Boulonais. Cette chapelle et la cathédrale, édifices vénérables par leur ancienneté, précieux par les sculptures qu'ils renfermaient, furent vendues *nationalement* au plus bas prix, et disparurent bientôt du sol qui les avait si longtemps portées.

On doit le dire cependant, pour l'honneur de la population boulonaise, les démolisseurs étaient presque tous des étrangers. Quelques hommes éclairés du pays, interprètes de la pensée du plus grand nombre, avaient même essayé de se rendre adjudicataires de ces édifices ; mais ils furent contraints d'abandonner ce projet.

« Alors s'exécuta, comme dit un témoin oculaire, un grand et déplorable désastre. Nous voyons encore (car, quoique enfant, ce souvenir a laissé des traces ineffaçables dans notre mémoire) les tombeaux violés, les colonnes et les statues de marbres renversées, les autels profanés, brisés, et les murs du lieu saint s'écroulant avec fracas sous les coups de la pioche et du marteau (1). »

Il est facile d'effacer un monument de la surface du sol.... mais il l'est beaucoup moins de déraciner son souvenir dans le cœur des populations qui ont longtemps vécu à son ombre bienfaisante. Effacée de la terre, Notre-Dame de Boulogne vivait encore dans le souvenir et les regrets des nombreux fidèles; elle vivait surtout dans l'âme d'un enfant, plus tard prêtre, qui, lorsque tout semblait perdu, conçut le projet de rétablir le temple et de rendre à la Vierge, l'antique patronne de la cité, son culte et ses honneurs. J'ai nommé M. Haffreingue.

En attendant, dès que le calme eut succédé à l'orage, on vit quelques vétérans de l'ancien clergé boulonais, dévoués serviteurs de Marie, préluder autant que possible à cette œuvre de sainte restauration. On choisit pour cet effet l'ancienne chapelle des religieuses annonciades, dans

(1) Hédouin : *Cont. de l'Hist. de Notre-Dame de Boulogne.*

laquelle on éleva un autel spécial, semblable à celui qui existait autrefois dans la cathédrale. Un sculpteur de Saint-Omer, sur les indications fournies, exécuta une copie de la vieille image de Notre-Dame, qui fut placée dans une niche au-dessus de l'autel. « Et bientôt, dit un historien, on la revit dans son bateau, portant dans ses bras ce divin enfant, né pour le salut du monde, et sous les traits et avec les ornements qu'on lui avait connus autrefois. Nos marins s'empressèrent de venir lui demander une pêche favorable, le remercier d'avoir échappé aux abîmes de l'Océan, et suspendirent, comme aux temps anciens, à l'autel de Marie, les *ex-voto*, gages de leur reconnaissance et de leur piété (1). » On célébra, à cette occasion, une neuvaine solennelle, durant laquelle on chanta une hymne expiatoire en distiques latins, composée pour la circonstance. On pouvait se croire reporté à l'heureux temps des anciennes gloires de Notre-Dame.

Un illustre pèlerin vint un jour s'agenouiller dans cette chapelle de l'Annonciade, devenue alors l'église paroissiale de Saint-Joseph : c'était le roi Louis XVIII. Rentré en France le 24 avril 1814, le monarque, le surlendemain 26, arrivait à Boulogne, et se faisait conduire aussitôt à

(1) Hédouin, ouvrage cité.

la paroisse de la haute ville, où tout avait été préparé pour le recevoir. Mgr l'évêque d'Arras(1), conduisant le clergé, était à la tête du cortège, où l'on remarquait la garde d'honneur boulonaise, commandée par M. le comte de Sainte-Aldegonde. Une foule immense, des militaires de toute arme et de tout grade, remplissaient les rues tendues en blanc et jonchées de fleurs et de verdure. Parvenu à la porte de l'église, le roi y entra suivi de Mme la duchesse d'Angoulême, du prince de Condé, du duc de Bourbon, et de plusieurs seigneurs et dames de la cour. Les villes de l'Artois avaient envoyé des députés auxquels une place avait été réservée dans le chœur. Placé sous un dais, en face de la chapelle de la Vierge, le fils de saint Louis, en présence d'un concours immense de fidèles, fit son hommage à Notre-Dame et rendit au Ciel de solennelles actions de grâces. Alors, pour la première fois depuis bien des années, le *Domine salvum fac regem*, suivi du *Vivat*, exécuté à grand chœur, par les soins de M. l'abbé de Béthisy, ancien maître de chapelle de la cathédrale, fit retentir les voûtes de notre église, et ce chant de l'antique royaume des Francs émut tous les

(1) Le diocèse de Boulogne, supprimé en 1801, avait été incorporé tout entier au nouveau diocèse d'Arras.

cœurs, fit couler de tous les yeux de douces larmes.

Pour consacrer le souvenir de cette mémorable solennité, on mit cette inscription au-dessus de la place que le roi avait occupé :

Louis XVIII a fait ici sa prière à Dieu
et l'hommage de sa couronne à Notre-Dame de Boulogne,
le XXVI avril MDCCCXIV.

« Peu de temps après, ajoute M. Hédouin, l'administration municipale, saisissant l'heureuse coïncidence qui existait entre le retour du roi et l'anniversaire de la Saint-Marc, rétablit, par une délibération, cette fête éminemment boulonaise. On porta de nouveau l'image de notre Vierge dans la procession du 25 avril, et cette procession eut lieu jusqu'à la révolution de juillet (1). »

Revenons à la reconstruction de la cathédrale. L'histoire de cette entreprise, heureusement terminée aujourd'hui, restera comme une nouvelle preuve de la puissance de cette foi qui remue les pierres comme elle transporte les montagnes, et fait sortir des âmes l'aumône comme l'eau des rochers.

La vieille cathédrale, rasée jusqu'aux fondements, n'offrait plus que le spectacle d'une vaste

(1) Hédouin, ouvrage cité.

ruine dont la vue navrait tous les cœurs. L'enclos qu'elle comprenait et le palais épiscopal adjacent entrèrent aux mains d'un prêtre qui n'avait ni fortune, ni dignités, ni influence, rien enfin de ce qui fait réussir parmi les hommes, mais qui n'en est pas moins l'élu de Dieu, le nouveau Néhémie destiné à relever les murailles de son temple.

M. l'abbé Haffreingue, devenu en 1815 supérieur d'une institution fondée à la fin de la révolution française, s'était établi provisoirement dans les bâtiments de l'évêché, avec l'espoir d'en être l'acquéreur. Son vœu fut bientôt réalisé. Mis en vente par autorité de justice, ces immeubles lui furent adjugés le 18 août 1820.

« Rebâtir la cathédrale pour contribuer par là au rétablissement du pèlerinage séculaire de Notre-Dame; doter la ville d'une église spacieuse et monumentale qui puisse favoriser l'érection d'un nouvel évêché de Boulogne; poser à l'extrémité de la France catholique, vis-à-vis de l'Angleterre protestante, un solennel acte de foi envers l'immaculée Mère de Dieu; élever sur un dôme gigantesque la statue de celle qui a détruit toutes les hérésies, afin que, dominant la terre et la mer, elle attire à son divin Fils les âmes égarées qui fuient loin du bercail : tel a été le projet conçu par M. l'abbé Haffreingue. Il nous est aujourd'hui donné d'en voir la réalisation (1). »

Quelle tâche immense cependant! Les hommes religieux, les vrais amis de leur pays, pressaient instamment M. Haffreingue de l'entreprendre. Il désirait vivement lui-même mettre la main à cette œuvre, la pensée de sa vie, le rêve de son enfance!... Mais sur quelles ressources pouvait-il compter? Un jour, une pauvre femme vint le trouver, et lui dit : « J'ai appris, mon Père, que vous avez depuis longtemps l'intention de faire reconstruire l'église de Notre-Dame de Boulogne : je ne suis pas riche, mais toute pauvre que je suis, je désire d'y contribuer; veuillez recevoir ma faible offrande. » Et elle lui remit une pièce d'or de vingt francs. Elle fut acceptée avec reconnaissance. « Avec cela, dit M. Haffreingue à la donatrice, je vais commencer les travaux. »

Il les commença comme il l'avait promis. Dès le mois de mars 1827, les fondements de l'ancien édifice furent mis à découvert; un plan fut dressé, et l'on s'occupa d'en préparer l'exécution. On a pu regretter que le pieux fondateur n'ait point réalisé son désir d'adopter le style ogival du moyen âge, cette belle création du génie chrétien dans nos contrées du Nord : mais ce regret

(1) M. l'abbé Daniel Haigneré.

n'existe plus depuis qu'on voit ce magnifique temple d'architecture romaine s'élever majestueusement dans les airs en traduisant aussi la pensée religieuse. La première pierre de l'édifice fut posée le 1er mai 1827. Jusqu'à la veille, les offrandes reçues pour une entreprise qui devait coûter tant de millions, se montaient à mille francs; ce jour-là même un don de 48,000 francs, qui s'éleva depuis à 96,000, parut une fortune envoyée d'en haut et l'heureux présage que l'argent ne manquerait pas. Depuis lors, à l'exception des premiers temps qui suivirent la révolution de 1830, les travaux n'ont jamais été interrompus. Alors même qu'ils étaient suspendus partout ailleurs, ils redoublaient à Notre-Dame de Boulogne, comme un acte de foi et de charité; les ressources, arrivant sous toutes les formes, de toutes les mains et de tous les pays, venaient témoigner que c'était bien là réellement l'œuvre de Dieu. Grâces aux offrandes, aux souscriptions, aux quêtes, aux sermons de charité (1), on voyait successivement les fondations sortir de terre, les colonnes s'élever sur les fondations, les voûtes s'arrondir sur les colonnes. Une crypte décou-

(1) M. l'abbé Cœur (depuis évêque de Troyes), à Saint-Germain des Prés, le 10 mai 1840; — Le P. Lefebvre, de la Compagnie de Jésus, à Saint-Séverin, à Paris, le 31 mai 1842; etc., etc.

verte dès les premiers travaux avait révélé une seconde église qui, ensevelie sous les ruines de la première, avait échappé dans les profondeurs de la terre aux dévastations des hommes.

Bientôt enfin la chapelle dédiée à la Vierge, et où se reproduisait son image, put être livrée à la piété des fidèles.

Le vendredi 29 mai 1840, S. Em. le cardinal de la Tour d'Auvergne, évêque d'Arras, bénit solennellement cette chapelle et voulut y offrir pour la première fois le saint sacrifice de la messe, qu'on a continué d'y célébrer chaque jour depuis cette époque.

Sous un dôme particulier, élevé au fond de cette chapelle, les fidèles pouvaient admirer dès lors une statue de la sainte Vierge, debout dans une nacelle, où deux anges l'accompagnent, suivant l'antique tradition. Ce n'était plus la miraculeuse image qui avait reçu pendant tant de siècles les vœux empressés des pèlerins; mais ce n'en était pas moins un mémorial du passé... Dieu n'avait pas permis que l'antique statue pérît tout entière : un précieux fragment en avait été conservé à l'insu des profonateurs de 1793. Une partie de la main droite avait été détachée de la statue par le sabre d'un soldat, au moment où, rejetée dans un coin de la salle du district, elle attendait sa condamnation au feu. On revit avec attendrissement cette main, exposée comme une relique, et renfermée dans un cœur de vermeil suspendu à la statue nouvelle (1).

L'histoire de l'érection de Notre-Dame de Boulogne offre l'un de ces tableaux consolants sur lesquels on aime à reposer ses regards. Un pieux écrivain en retrace ainsi un gracieux tableau.

« .... Au milieu des travaux de cette renaissance, dit M. le vicomte de Melun, les pèlerins re-

(1) M. Haigneré rappelle ainsi l'histoire de cette relique : « Un ancien conservateur des eaux et forêts, M. Cazin de Caumartin, alors attaché à l'état-major de l'armée du Nord, se rendit au district pour faire viser sa feuille de route. La salle était déserte M. Cazin, qui aperçut l'image de Notre-Dame reléguée dans un coin, s'en approcha, et voyant qu'une « partie d'une de ses mains, » qui avait été brisée, tenait à peine, » il la détacha du poignet, à l'aide de son sabre. Il s'empressa, en sortant du district, d'aller l'offrir à sa tante, Mlle Alix Cazin.... Ces faits ont été attestés par M. Cazin lui-même, dans une lettre du 21 novembre 1837, adressée à M. Hédouin et publiée par ce dernier dans l'*Histoire de Notre-Dame....*

» Mlle Alix Cazin remit, à sa mort, cette relique entre les mains du chanoine Dupont, qui, à son tour, en disposa en faveur de M. Gros d'Houlouve. La bénédiction de la chapelle où la Vierge de Boulogne avait été honorée pendant douze siècles offrit une occasion toute naturelle pour faire rentrer dans la cathédrale la main de Notre-Dame, la main droite, celle de la puissance et de la bénédiction. M. l'abbé Haffreingue la fit enfermer dans un cœur de vermeil que l'on suspendit à la statue nouvelle. » (*Hist. de Notre-Dame de Boulogne.*

prirent leur ancienne route, les enfants revinrent aux prières de leurs pères, des voix éloquentes se firent entendre dans la chaire, de pieux et illustres prélats officièrent sur les autels, et, chaque année, une procession solennelle promena à travers les rues de la ville, joyeuses et parées, les bannières de Marie. Une des plus belles, en 1857, célébra l'érection au-dessus du dôme d'une statue colossale de la Vierge, qui, aperçue de loin, rappelle au matelot menacé par l'orage la protection de l'Étoile de la mer.

» A mesure que les murs montaient et que les travaux approchaient de leur terme, chacun rivalisait de zèle et de générosité pour seconder le pieux constructeur. Le pauvre apportait son denier ; le prince et le riche, leurs généreuses aumônes ; celui-ci un tableau, celui-là des cloches plus belles encore que celles fondues par la révolution. Enfin, cette année (1866), deux autels sont venus couronner l'œuvre et mettre le sceau à sa splendeur. L'un, présent d'une dame anglaise catholique, est destiné à la chapelle de la Vierge; il doit porter au ciel les vœux intimes du pèlerin, l'élan de son cœur vers Marie : l'image en mosaïque du bon Pasteur brille sur son tabernacle ; deux anges de marbre d'une expression céleste le soutiennent; il est dans sa forme, dans ses ornements et, si l'on peut parler ainsi, dans sa physionomie, plein de délicatesse, de charme et de grâce, comme l'hymne de la reconnaissance, comme la prière d'une âme pieuse et pure. L'autre, donné par le prince Torlonia, est placé sous le dôme : c'est le maître-autel, la pierre du sacrifice pour tous, l'interprète de la prière universelle; il est composé des marbres les plus rares et les plus célèbres, et illustré de mosaïques qui rappellent la perfection du pinceau de Raphaël. Ce chef-d'œuvre d'art, de magnificence et de goût, ce monument d'une admirable piété et d'une générosité sans égale, merveilleuse alliance du saint et du beau, dépasse tout ce que la France peut présenter en ce genre à l'admiration du monde, et complète d'une manière digne d'elle le temple élevé à la gloire de Notre-Dame de Boulogne.

» Entre la première et la dernière pierre de ce saint édifice, près d'un demi-siècle s'est écoulé, et il a été donné à son fondateur, à l'âge de 80 ans qu'il porte avec la légèreté et la vigueur que donne la sainteté de la vie, de voir terminer cette œuvre, commencée il y a 40 ans avec les vingt francs d'une pauvre femme, et qu'il termine aujourd'hui par un autel d'un demi-million (1). »

(1) Vicomte de Melun : *Messager de la semaine, journal de tout le monde,* n° du 15 septembre 1866.

CHAPITRE VII

Retour à la dévotion des pèlerinages. — Les fêtes de Boulogne et son pèlerinage à notre époque.

Le retour à la dévotion des pèlerinages est l'un des signes les plus consolants du réveil de la foi de nos jours. C'est comme une bienfaisante étoile qui vient briller dans une sombre nuit d'orage. Nos pères connaissaient cette étoile, et elle guidait leurs pas confiants vers ces sanctuaires bénis de la Vierge et des saints patrons où ils retrouvaient la paix, le courage et la consolation, alors même qu'ils n'obtenaient pas toujours l'entier succès de leurs demandes.... Mais que de fois leurs vœux ont été pleinement exaucés! J'en atteste ces innombrables *ex-voto* qui tapissent les murs de nos sanctuaires de la Vierge, et qu'on est souvent contraint d'enlever pour faire place à d'autres, impatients d'y figurer à leur tour. Eh quoi donc! ces *ex-voto* seraient-ils venus d'eux-mêmes se fixer sur ces murailles saintes? Oh! non, une main reconnaissante les y a portés et attachés. Chacun d'eux est dès lors manifestement le signe visible d'un bienfait obtenu et le plus souvent d'une merveilleuse guérison ou d'une protection éclatante dans un imminent péril?

Grâces à Dieu, nous voilà donc revenus à cette touchante coutume de nos pères. Nous avons retrouvé le chemin un instant oublié de nos vieilles chapelles et de nos sanctuaires privilégiés.... Mais pourquoi s'en aller ainsi prier au loin? Si Dieu est bon, ne l'est-il pas également partout et pour tous? et si Marie a une puissance de miséricorde, n'est-elle pas égale en tout lieu? Ainsi raisonnent les hommes du monde, et peut-être même quelques chrétiens. Et les uns et les autres sourient de pitié en voyant passer ces pèlerins qui s'en vont, joyeux et confiants, puiser des grâces aux sources lointaines. Pourquoi ces sourires? Ces pèlerins sont plus sages que vous ne pensez. Ils savent, eux aussi, que Dieu est bon pour tous et en tout lieu, et que Marie a toujours une puissance égale : mais ils savent de plus qu'il est des sites bénis, des sites privilégiés où l'Auteur de toutes grâces dispense ses bienfaits avec plus d'abondance et de facilité. Le malade, en allant demander la santé aux eaux salutaires d'une source que la Providence a fait jaillir sur un sol particulier, s'enquiert-il pourquoi il ne peut obtenir le même succès aux sources de son voisinage? Ainsi fait le pèlerin. Il ne demande pas pourquoi sa prière sera mieux écoutée, si elle monte au ciel en passant par un sanctuaire devenu célèbre : il s'en vient avec confiance dans ce sanctuaire béni, vers lequel il se sent attiré par une secrète mais puissante impulsion du cœur. C'est là que l'attendent les émotions les plus douces, et presque toujours les faveurs les plus signalées.

Paris, la splendide capitale, donne à cet égard, depuis quelques années, un bel exemple digne d'être imité et qui sera fécond en fruits. Chaque année, nous voyons des groupes de centaines de pèlerins, sous la conduite d'un vénéré pasteur, s'en aller dévotement porter leurs hommages et leurs vœux à Marie dans quelqu'un de ses plus antiques sanctuaires. Ils vont à Chartres, à Boulogne, parfois plus loin encore, à Notre-Dame du Vœu à Cherbourg, à Notre-Dame de Grâces d'Honfleur, à Notre-Dame de Fourvières à Lyon. Bien plus, on a vu un jour trois cents pèlerins, sous la conduite d'un curé au cœur d'or, partir de Paris, passer la frontière de France, et, à travers les plus beaux cantons de la Suisse, s'en venir rendre leurs pieux hommages à Notre-Dame des Ermites dans la vallée d'Ensiedlen (1). Ceux qui, comme nous, furent du nombre des heureux voyageurs, n'oublieront jamais le charme de ce délicieux pèlerinage.

Cependant les souscriptions et les offrandes pour la construction de la nouvelle église continuaient toujours. Avec elles se poursuivaient les travaux. Bénie par les souverains-pontifes Grégoire XVI et Pie IX, patronée et encouragée par tous les cœurs généreux en France, en Angleterre et en d'autres pays, l'œuvre de Notre-Dame de Boulogne avançait chaque jour d'un pas vers son glorieux couronnement. Une grande loterie, organisée et tirée en 1846; un bazar considérable au profit de l'œuvre, établi dans les bâtiments de l'évêché, avaient amené des ressources qui permirent de ne point interrompre les travaux à la révolution de 1848.... Pendant qu'on relevait les murs de l'édifice, la dévotion à la Patronne de Boulogne n'était pas négligée. On fit frapper une médaille en l'honneur de cette douce Étoile des mers, avec cette

(1) En juin 1864, sous la conduite de M. l'abbé Duquesnay, curé de la paroisse Saint-Laurent.

inscription : « Notre-Dame de Boulogne, *Stella maris, sis bona.* » Cette médaille, répandue parmi les fidèles, popularisa de plus en plus l'œuvre qu'elle rappelait, et avec elle le culte de la bienheureuse Vierge. Présentée un jour à un condamné à mort, rebelle jusque-là aux exhortations du prêtre, cette médaille produisit sur lui une si heureuse impression qu'il se convertit sur-le-champ.

En 1849, l'apparition du choléra dans la cité de Marie et les environs vint jeter l'effroi parmi les populations de ces bords. On se souvint alors du pouvoir de Notre-Dame de Boulogne contre la peste, et l'on accourut en pèlerinage au sanctuaire inachevé. On vit la paroisse de Saint-Nicolas de la basse ville (16 juin 1849), deux jours après la paroisse du Portel, à laquelle s'étaient adjointes les paroisses d'Outreau et d'Équihen, traverser la ville, marchant en bon ordre, priant et se dirigeant vers la cathédrale. Quel spectacle attendrissant que ces bons marins, ces femmes, ces enfants, ces mères de famille, agenouillés sur des pierres éparses, au milieu d'un édifice inachevé, offrant encore l'aspect d'une vaste ruine ! La paroisse de Saint-Joseph, dans la haute ville, suivit l'exemple des paroisses voisines. La cité de Marie fut protégée merveilleusement en cette circonstance. Pour perpétuer le souvenir de ce pèlerinage, les habitants de la haute ville firent déposer dans la nouvelle chapelle un cœur en vermeil, avec cette inscription :

A Notre-Dame de Boulogne,
la paroisse Saint-Joseph.
Pèlerinage du XIX juin MDCCCXLIX.

A quelque temps de là, on lisait ces lignes dans un journal boulonais :

« Le fléau qui désole la France avait envahi la commune de Baincthun ; il y faisait de nombreuses victimes. On tourna les yeux vers le ciel ; il fut résolu qu'on irait processionnellement faire un pèlerinage à Notre-Dame de Boulogne. Huit cents personnes environ composèrent le pieux cortège ; un homme qui déjà avait les premières atteintes de la maladie voulut s'y joindre, quelque remontrance qu'on lui fit.... Les prières furent entendues. Le cholérique s'en retourna guéri. En rentrant à Baincthun, le curé trouva chez tous les malades une amélioration sensible. A partir de ce jour, la mortalité a cessé à Baincthun (1). »

Ces démonstrations de la piété populaire envers Notre-Dame de Boulogne étaient comme le prélude du rétablissement définitif des pèlerinages processionnels des paroisses. Quant aux pèleri-

(1) *L'Impartial de Boulogne*, du 27 septembre 1849.

nages individuels, ils n'ont jamais cessé. Chaque année, en diverses circonstances, on a vu de pieux missionnaires, des voyageurs, partant pour des contrées lointaines, venir implorer le secours de l'Étoile de la mer.

En l'année 1853 surtout, le réveil de cette dévotion, déjà commencé quatre ans auparavant d'une manière remarquable, se consolida, et prit sa forme régulière et éclatante. Renouvelé depuis au retour de chaque été, ce pieux spectacle remplit de joie le cœur des vrais fidèles, et par dessus tout celui du prêtre vénérable à qui Dieu a confié la mission de relever ce miraculeux sanctuaire de Notre-Dame. Le pieux empressement des paroisses de la ville et des paroisses rurales du Boulonais pour cette dévotion séculaire, joint à celui des pays voisins et des paroisses de la capitale, est désormais l'un de ces tableaux pleins d'émotions qui remuent délicieusement le cœur et l'ouvrent aux plus saintes espérances.

C'est du 15 août au 8 septembre, *entre les deux Notre-Dame*, comme dit un pieux langage, qu'ont lieu, chaque année, les grandes fêtes de Boulogne. Durant ce temps, « chaque jour, dit le nouvel historien, quelque procession des campagnes, s'avançant au chant des cantiques, croix et bannières en tête, en effeuillant silencieusement les roses du chapelet, se déroule comme une guirlande fleurie, sur le penchant des collines, dans les chemins boisés, sur les crêtes arides des dunes de sable, et fait monter au pied du trône de Marie cette prière publique et collective qui a tant d'empire sur son cœur. En rencontrant ces dévotes processions, le voyageur, l'homme oisif et distrait, le touriste avide de voir, retrouve le moyen âge et les pompes rustiques esquissées par Chateaubriand. Dans sa surprise et dans la sincérité de son émotion, il essuie une larme involontaire et s'écrie : « On a beau dire, je n'ai jamais rien vu de si touchant! » Et parmi tout ce peuple aux mains calleuses, à la figure hâlée par le soleil d'août, quelle foi, quel recueillement, quel sentiment profond de l'acte qu'il accomplit! La plupart arrivent à jeun, suivant la coutume des pèlerins ; tous entendent la messe célébrée par le curé de leur paroisse ; plusieurs communient ; puis ils s'en retournent à leurs travaux, confiants dans l'avenir, rassurés sur le sort des personnes qui leur sont chères, emportant une bénédiction qui les suit au sein de leur chaumière, et qui y fait régner le contentement, l'allégresse et la paix (1). »

Voici ensuite les grandes paroisses de Paris,

(1) L'abbé Daniel Haigneré : *Hist. de Notre-Dame de Boulogne*.

qui déversent leurs flots de pèlerins, heureux de profiter des facilités qui leur sont données pour faire sans fatigue et à peu de frais un voyage où ils trouvent tout ensemble une source de grâces et d'innocentes joies. Quel touchant spectacle aussi que celui de ces pèlerins de la grande cité, quelquefois au nombre de *près d'un mille*, traversant le pont de la Liane, et puis montant en procession jusqu'au bien-aimé sanctuaire! Nous les avons vus, ces pieux pèlerins de Saint-Séverin, de Saint-Roch, de Saint-Sulpice, et nous avons eu l'honneur de marcher dans leurs rangs, à travers les rues de la cité de Marie, devant ces nombreux fils d'Albion, mêlés aux habitants, et surpris d'un spectacle si étrange, mais qu'ils contemplent toujours avec un religieux respect. La ville de Boulogne au dix-neuvième siècle n'a donc rien à envier aux temps les plus heureux. Elle se réjouit de voir refleurir son antique pèlerinage avec un éclat que n'ont point connu les siècles passés.

Près de cent vingt paroisses du diocèse d'Arras, depuis 1853 jusqu'en 1861, se sont aussi rendues successivement à Boulogne pour honorer la très sainte Vierge dans son sanctuaire privilégié. Qui pourrait dire au prix de quelles fatigues, de quelles peines et de quels sacrifices? Le 16 août 1858, le premier pasteur lui-même, à la tête de son troupeau, avec les représentants du chapitre et les paroisses de la ville épiscopale, voulut faire le pèlerinage de Notre-Dame. Le vénérable prélat composa une prière touchante qui fut distribuée au moment du départ. C'était un véritable voyage de piété commencé par la prière et continué au chant des cantiques. Arrivé dans l'église de Notre-Dame, Mgr Parisis laissa déborder son cœur dans une autre prière plus touchante encore qui était une consécration de la ville d'Arras à Notre-Dame de Boulogne.

Les *trains* de pèlerinages sont une heureuse création de notre temps. Nos pères, qui ne connaissaient point ce mode facile de pérégrination, avaient plus de mérite, sans doute, quand ils entreprenaient quelque pieux voyage. Honneur cependant à ceux qui ont pris l'initiative de ces trains de pèlerinage, devenus si fréquents aujourd'hui; cet honneur appartient, à l'égard de Notre-Dame de Boulogne, au vénérable M. Hanicle, curé de Saint-Séverin à Paris. En août 1856, avec la paroisse de Boulogne-sur-Seine, celle de Saint-Séverin envoya six cents pèlerins aux fêtes de Boulogne-sur-Mer. « C'était une touchante et fraternelle rencontre, dit M. Haigneré, que celle de Boulogne-sur-Seine et de Boulogne-sur-Mer. La mère et la fille se revoyaient en 1856, unies, comme en 1320, dans la même foi, dans le même amour, dans le même culte. Les Parisiens, en 1856 comme en 1320, venaient à Boulogne-sur-Mer ; et pour ceux qui ne pouvaient encore affronter les fatigues d'un lointain voyage, il y avait toujours, en 1856 comme en 1320, une succursale de Boulogne près de Paris, une Notre-Dame de Boulogne *la petite*, prête à recueillir dans sa nacelle et à porter doucement au port ceux qui flottent sans boussole sur les vagues du doute. »

Au milieu des rangs de la procession des pèlerins qui s'épanouissait sur les quais et dans les rues en montant à la cathédrale, on remarquait, ce jour-là, un char richement orné, traîné par quatre chevaux, et sur lequel était une cloche offerte à Notre-Dame par la paroisse de Saint-Séverin. M. le curé de Boulogne-sur-Seine, après une touchante prière, déposa sur l'autel l'*ex-voto* de ses paroissiens, un cœur de vermeil entouré de rayons. Un cœur d'or, sur lequel est représentée une locomotive, fut offert par la paroisse de Saint-Séverin. On y lit ces mots :

Mémorial du rétablissement solennel
des anciens pèlerinages de Paris
à Notre-Dame de Boulogne-sur-Mer,
effectué en chemin de fer
le 26 août 1856.

Ces pèlerinages de la capitale se continuèrent les années suivantes. « Paris, disait Mgr Parisis en 1857, Paris, cette ville sans rivale, cette capitale superbe qui domine tout et que rien ne domine, qui exerce sur le monde entier son influence souvent redoutée, et qui prétend bien ne subir l'influence de qui que ce soit, Paris a librement subi l'influence de ce sanctuaire inachevé. Paris, qui s'indignerait à la pensée d'être tributaire d'aucune puissance humaine, a voulu payer son tribut d'hommage à Notre-Dame de Boulogne.... Oui, ils sont venus, ces nobles pèlerins de la grande capitale, ils sont venus par agglomérations imposantes; ils sont venus, et quel spectacle ils ont offert à leur entrée parmi nous! Ah! laissez-nous vous raconter ces détails qui semblent appartenir à un autre âge.... »

Et le premier pasteur du diocèse, tout ému, racontait lui-même à la postérité les merveilles dont Boulogne a été le théâtre en 1857.... Depuis lors, les mêmes splendeurs se sont déroulées chaque année dans ses murs, et loin de décroître, le religieux enthousiasme n'a fait qu'augmenter de jour en jour.... Saint-Sulpice, Saint-Jacques du Haut-Pas, Saint-Laurent, Notre-Dame-des-Champs, Saint-Gervais, Saint-Ferdinand-des-Ternes, Saint-Roch, Notre-Dame-des-Victoires,

Saint-Maur-des-Fossés, Saint-Joseph-du-Temple, Saint-Étienne-du-Mont, Saint-Jean, Saint-François, et d'autres paroisses de la capitale, ont tour à tour, une ou plusieurs fois, imité l'exemple de Saint-Séverin, qui chaque année toujours forme le noyau principal de ces saintes caravanes.

L'exemple de Paris fut lui-même des plus salutaires. L'élan fut donné. Abbeville, Amiens, Saint-Valéry-sur-Somme eurent aussi, en 1857 et 1858, leurs nombreux pèlerins de Notre-Dame. En cette même année 1858, on vit un spectacle singulièrement touchant: c'était Chartres qui venait en pèlerinage à Boulogne-sur-Mer : Chartres la ville favorisée, avec son sanctuaire druidique de *Notre-Dame de soubs terre,* a voulu rendre un hommage de pieuse confraternité à *Notre-Dame de sur mer* (1).

La Belgique et l'Angleterre ont également envoyé leurs députations de pèlerins au bienheureux sanctuaire, Les évêques des contrées lointaines, les vicaires apostoliques des missions, recommandent à Notre-Dame de Boulogne les intérêts spirituels de leurs troupeaux. Heureux ceux qui peuvent venir s'agenouiller au pied de son autel et y porter leurs vœux! Ils repartent remplis de confiance pour le succès de leur apostolat. Les

(1) Le 13 septembre.

missionnaires qui passent à Boulogne n'oublient jamais de venir mettre leurs travaux sous la protection de Marie. En 1861, huit religieux s'embarquaient à Boulogne pour se rendre en Chine ... Ils ne s'effrayaient nullement du long et périlleux voyage qu'ils entreprenaient, ayant choisi comme pilote Notre-Dame de Boulogne.... On les voyait chaque soir, pendant le *Mois de Marie*, prier dévotement et chanter ses louanges devant son image, attachée au mât du navire, avec cette inscription :

Partout tes sanctuaires
Sont couronnés de fleurs ;
Nous, pauvres missionnaires,
Nous te donnons nos cœurs.

Les exercices de ce mois béni se terminaient par l'invocation boulonaise : *Patrona nostra singularis*... Marie fut en effet leur *singulière patronne* en les sauvant d'une horrible tempête qui mit le navire en danger.... Ces missionnaires, dans leur reconnaissance, se proposaient de bâtir à Wossang, province de Shang-Haï, une église sous le vocable de *Notre-Dame de Boulogne.*

« Quelle merveilleuse extension reçoit donc notre pèlerinage ! ajouterons-nous avec le pieux historien du sanctuaire. Voilà Notre-Dame de Boulogne de Chine, après Notre-Dame de Boulogne de Naples et Notre-Dame de Boulogne de Paris! Bien plus, il y a une Notre-Dame de Boulogne d'Écosse, dans la ville de Leith, près d'Édimbourg : c'est une très ancienne fondation qui se perd dans la nuit des temps, et dont les armoiries de cette ville conservent seules le souvenir (1). »

Nous ne terminerons point ce résumé historique du sanctuaire, sans rappeler la visite que LL. MM. l'empereur et l'impératrice firent dans cette église inachevée, le 27 septembre 1853.... L'empereur connaissait l'œuvre de foi et de persévérance entreprise par M. l'abbé Haffreingue. Il voulut voir ce vénérable prêtre. « M. l'abbé, lui dit-il, comment avez-vous eu le courage d'entreprendre une œuvre aussi considérable? Il est vrai que la foi qui transporte les montagnes fait aussi construire des églises. Je vous promets de vous aider de tout mon pouvoir. — Sire, répondit M. Haffreingue, je remercie vivement Votre Majesté de l'intérêt qu'elle porte à l'église de Notre-Dame de Boulogne. Je serais heureux qu'elle voulût bien nous faire l'honneur de visiter l'édifice. » L'empereur le promit, et

(1) Ces armoiries représentent une Notre-Dame avec l'Enfant Jésus dans ses bras, debout dans une barque sur la mer. (*L'abbé Daniel Haigneré.*)

il tint parole le jour même. « En revenant de la Colonne, dit l'historien qui nous fournit ces détails, LL. MM. entrèrent dans l'église de Notre-Dame, sans y être si tôt attendues. Les barrières qui fermaient le sanctuaire furent écartées à la hâte; et, tandis que l'on courait prévenir M. l'abbé Haffreingue, LL. MM. s'agenouillèrent sur les prie-Dieu qui leur avaient été préparés dès le matin, et adressèrent leur prière à la Patronne de Boulogne. Bientôt l'autel de Notre-Dame fut illuminé, le *Domine salvum* fut chanté par quelques prêtres accourus à la hâte à la nouvelle que LL. MM. étaient entrées dans l'église. L'empereur et l'impératrice s'informèrent de l'ancienne image de Notre-Dame, de la Vierge noire à laquelle les rois de France faisaient leurs hommages. On leur apprit que la Révolution avait fait brûler l'antique statue, mais qu'il en restait une main qui était conservée dans un cœur d'or attaché à la statue actuelle. LL. MM. s'agenouillèrent alors une seconde fois, et renouvelèrent leur prière, après laquelle M. Haffreingue leur présenta une Histoire et des médailles d'or de Notre-Dame, qu'elles acceptèrent avec beaucoup de bienveillance et d'empressement. LL. MM. admirèrent la hardiesse et la beauté de l'œuvre et le bel effet des voûtes, et parcoururent l'ensemble de l'édifice. L'empereur, s'adressant à M. Haffreingue, lui demanda combien de temps il lui fallait encore pour terminer son église. — Quatre ans, Sire, lui répondit-il. — Mais avez-vous les fonds nécessaires? — Sire, Votre Majesté m'a dit ce matin que la foi qui soulève les montagnes bâtissait aussi les églises : j'espère que cette foi, qui m'a soutenu pendant vingt-six ans, ne m'abandonnera pas pendant le temps qui me reste encore. » L'empereur lui promit alors de nouveau son concours et lui dit : « Je vous enverrai de Paris mon offrande. »

» Le lendemain 28, M. l'abbé Haffreingue fut mandé par l'empereur à la sous-préfecture. L'empereur voulait attacher lui-même sur la poitrine du prêtre l'étoile de la Légion d'honneur. En remettant à M. Haffreingue l'insigne de cette distinction, l'empereur lui prit la main et lui glissa avec beaucoup de délicatesse, et sans que personne pût s'en apercevoir, un rouleau qui contenait dix mille francs en billets de banque pour son église (1).... »

Depuis lors, M. l'abbé Haffreingue a continué les travaux de son église avec une nouvelle activité; grâce enfin à la coopération des fidèles,

(1) *Hist. de Notre-Dame de Boulogne*, par M. l'abbé Daniel Haigneré.

aux ressources de sa foi, à l'appui de la prière, et à la confiance en Marie, reine du ciel et suzeraine du Boulonais, l'heureux vieillard, après quarante années de constants efforts, a pu terminer son œuvre immense. Voilà donc les cinq grandes nefs, depuis le transept jusqu'au portail, ainsi que le dôme, dégagées de toutes leurs entraves, et s'ouvrant majestueusement pour donner libre entrée à la foule des fidèles! Les six chapelles du dôme, confiées au pinceau chrétien de M. Charles Soulacroix, retracent dignement les principaux mystères de la vie de la très sainte Vierge. Les voûtes élevées de la nef ont reçu pour décoration des scènes tirées de l'Apocalypse. Tout est achevé.... Le temple n'attend plus désormais que sa solennelle consécration.

CHAPITRE VIII

Consécration de la nouvelle église de Notre-Dame.
Les fêtes de Boulogne en août 1866.

Les fêtes religieuses du mois d'août 1866 avaient donc pour principal objet la consécration de l'église et la consécration des autels.

Le 21 août, le prélat consécrateur, Mgr l'évêque d'Arras, faisait son entrée dans Boulogne. C'était pour la première fois qu'il visitait la ville la plus importante et, on peut le dire, la plus chrétienne de son diocèse. Digne successeur de Mgr Parisis de sainte et glorieuse mémoire, Mgr Lequette, qui avait partagé en qualité de grand vicaire ses travaux et son administration, était appelé à son héritage par divers titres, mais surtout par la bonté, la douceur évangélique qui s'échappe de ses lèvres, illumine sa physionomie, et révèle si bien en lui le représentant du bon

Pasteur au milieu des hommes. « Sa nomination avait été reçue comme une grâce du Ciel par tous ses diocésains, dit un pieux écrivain; il fut accueilli lui-même par la population de Boulogne comme un père qui porte avec lui toutes les puissances et toutes les espérances du ciel, et lorsque en descendant du chemin de fer, il s'avança sous un dais précédé de tout le clergé et des bannières de chaque paroisse, c'était un beau et touchant spectacle de voir tout ce peuple de marins s'agenouillant sous sa bénédiction pastorale, et les hommes même étranger à notre religion et à notre pays s'inclinant avec respect devant la majesté du pontife et le recueillement général. La loi française assure à l'évêque, partout où il se présente dans son diocèse, une réception et des honneurs officiels; mais la piété des peuples lui prépare un bien autre accueil, lui dresse des arcs de triomphe, pavoise de drapeaux les rues par où il passe, orne de fleurs les églises où il va prier. Au milieu de l'affaiblissement général du respect pour ce qui commande et gouverne, cette autorité paternelle demeure intacte et vénérée; on plie le genou devant elle : car on sent que celle-là ne dépend pas des volontés et des caprices humains, qu'elle a reçu de Dieu la charge et le ministère des âmes, et tient de lui le plus doux et le plus beau pouvoir, celui de pardonner et d'ouvrir les portes du ciel; on sent qu'on a devant soi le dispensateur de la vérité et de la grâce céleste, le juge des consciences, l'héritier de la fonction des apôtres, qui, sous l'autorité du Chef suprême de l'Église, transmet la doctrine, interprète la loi et est dans son diocèse le premier missionnaire de l'Évangile (1). »

Le 24 août était le premier jour de la consécration de Notre-Dame et des cinq autels. Les prélats consécrateurs étaient Mgr d'Amiens, le charitable et bon pasteur qui naguère offrit sa vie pour sauver son infortuné troupeau décimé par le choléra, deux évêques anglais : Mgr l'évêque de Northampton, Mgr Clifford, évêque de Clifton, et Mgr Moriarty, évêque de Kerry en Irlande. Mgr d'Arras consacrait le maître-autel et l'église. La première bénédiction a été pour le dehors. Nous ne rappellerons point les détails de ces cérémonies. L'église catholique n'en a pas de plus augustes et de plus touchantes. Comme l'homme ne devient chrétien qu'en passant par l'eau du baptême, et comme le prêtre, pour devenir l'intermédiaire entre Dieu et l'homme, a besoin d'une onction spéciale, d'une consécration plus intime, plus complète, d'un sacrement,

(1) Vicomte de Melun.

d'un caractère plus profond et plus relevé, ainsi les choses déchues avec l'homme aux premiers jours du monde sont soumises à la même loi de purification pour devenir saintes : tout ce qui sert au culte, tout ce qui est matière ou instrument de la religion doit avoir passé par une consécration particulière. Bénédiction des linges, des vases sacrés et des ornements sacerdotaux, baptême des cloches, consécration des autels et des églises : voilà donc ce qui doit se faire pour chaque temple. Toutes ces choses doivent devenir chrétiennes et saintes pour la mission qui leur est confiée ; elles ont pour ainsi parler leurs sacrements : l'aspersion de l'eau bénite qui les baptise, l'onction de l'huile sainte qui les confirme et les consacre, la prière qui donne une expression à toutes ces cérémonies.

Après qu'elles sont terminées à Notre-Dame, tous les autels sont revêtus de leurs ornements, on apporte les crucifix, les chandeliers d'or, les nappes, tout ce qui doit servir au saint sacrifice; et sur l'autel principal, Mgr l'évêque d'Arras, entouré de tous ses prêtres, commence la messe pontificale, qu'accompagnent les voix mélodieuses et les instruments de la musique sacrée.

« Oh ! qu'à ce moment Notre-Dame de Boulogne était belle et joyeuse ! s'écrie un pieux écrivain (1). Depuis le jour où la sainte Vierge y était rentrée, elle avait vu si souvent dans son enceinte des foules pieuses et de pompeuses cérémonies : elle avait entendu des chants, des prières et des actions de grâces, et avait brillé d'un grand éclat et d'une éblouissante splendeur ; mais jusqu'à ce jour il avait toujours manqué quelque chose à la plénitude de sa puissance et de sa liberté ; une partie de ses portiques inachevés appartenait aux artistes et aux ouvriers, le bruit du travail se mêlait aux accents de la prières, et des conversations profanes rappelaient trop souvent que plusieurs de ses chapelles étaient encore des ateliers. Maintenant tout était complet, tout était achevé de la part des hommes et de Dieu ; Notre-Dame était réellement le tabernacle sanctifié, l'arche sainte, la maison du Seigneur. Aussi sa joie éclatait-elle, et par la volée de ses cloches, et par la voix de son orgue, et par l'éclat de ses lumières. Ses autels splendides, la vie de Notre-Seigneur et de sa mère racontée

(1) Le vicomte de Melun, l'un de nos plus estimables écrivains catholiques, pèlerin de Boulogne, a dignement écrit, dans le *Messager de la semaine* (nos des 8, 15 et 22 septembre), les fêtes dont il venait d'être avec nous l'heureux témoin. Nous avons pensé de pouvoir mieux faire que d'embellir notre récit des souvenirs et quelquefois du noble langage du pieux historien de la *Sœur Rosalie*.

sur ses murs, les paroles de la Bible et de l'Évangile inscrites au fronton de ses dômes, au-dessus de ses portes et le long de tous ses portiques; puis, au fond, la barque de la Vierge, la première raison, la grande inspiratrice de sa construction, tout annonçait au monde l'éclat et la joie de son triomphe; mais elle avait encore des interprètes plus animés et plus éloquents que les pierres, les tableaux et les statues : cette foule immense de prêtres, de pèlerins dont Paris depuis deux jours avait multiplié le nombre, cette population de la ville, du port, de tous les pays voisins, tous exprimaient le bonheur de l'entreprise accomplie et de l'œuvre achevée; tous à ce moment s'associaient par la pensée, par la prière aux élans célestes qui célébraient un sanctuaire de plus élevé à la gloire de Dieu et à l'honneur de Marie. Les pèlerins étaient heureux d'un but magnifique offert maintenant à leurs espérances et à leurs courses pieuses; les habitants étaient fiers d'un édifice, œuvre de leurs sacrifices et de leurs désirs, qu'ils regardent et saluent comme l'hôtel de ville de leur foi et de leur conscience. Puis, après avoir chanté le *Te Deum* et le *Magnificat* de la reconnaissance et du bonheur, chacun portait ses yeux sur eux vieillard à genoux entre les évêques et le clergé, et priait avec émotion et attendrissement pour que Dieu accordât de longs jours à celui à qui le monde chrétien devait cette étonnante fondation ; mais Dieu l'avait déjà récompensé. »

Le soir de ce même jour, sous les voûtes de Notre-Dame de Boulogne, l'illustre conférencier de Notre-Dame de Paris faisait entendre sa parole si pieuse et si éloquente. Elle fut digne de la solennité qu'il interprétait, du temple dont il disait l'origine et la mission, et de l'immense auditoire qui se pressait autour de la chaire. Le lendemain, devant une assemblée non moins nombreuse, le P. Félix célébra la dignité, la fonction et la puissance de Marie, associée, par l'ordre de Dieu même, à la rédemption du genre humain, et partageant en quelque sorte l'omnipotence divine dans le ciel, sur la terre et dans les enfers, par la gloire de son triomphe, l'efficacité de son intercession et sa victoire sur l'ennemi de notre salut.

Le 26 août, après l'évangile de la messe pontificale, célébrée par Mgr l'évêque d'Amiens, Mgr l'évêque d'Arras monta en chaire, et le bon pasteur, d'une voix émue mais forte, répandit sur son peuple tout ce que son cœur éprouvait de reconnaissance et de joie, exprimant sa gratitude pour les sentiments qui l'avaient accueilli, et le bonheur qu'il ressentait du touchant spectacle offert depuis trois jours à ses yeux. Il montra ensuite combien l'âme humaine, devenue la demeure du Saint-Esprit et le sanctuaire de Dieu, est encore supérieure aux temples faits de main d'homme et aux sanctuaires matériels.

Dans l'après-midi, la grande procession s'organisa. On voyait partout les processions partielles des paroisses de la ville et des environs arriver et monter à la cathédrale pour prendre le rang assigné à chacune d'elles dans le cortège général.... Ici nous laissons la parole au pieux pèlerin que nous citions tout à l'heure.

« Cette procession termine chaque année la station des pèlerinages et reçoit dans ses rangs tout ce qui participe aux choses saintes, occupe une place et remplit une fonction dans l'Église et exprime une pensée chrétienne, le clergé de toutes les paroisses, les ordres religieux, les membres des œuvres, les enfants des écoles, les pauvres des hospices et des asiles, et ceux qui, dans la foule accourue pour les fêtes, aiment à faire cortège à la gloire de Marie. Jamais elle n'avait été si brillante et si solennelle (1).

» Elle s'ouvrait par les marins du Portel. Ce village de la côte avait droit à cet honneur;

(1) Celle du 30 août 1857 peut seule lui être comparée.

n'ayant pour toute fortune que les barques et les filets de ses habitants, il a bâti son église, son presbytère, ses écoles, chaque expédition de pêche prélevant avant toutes les autres la part de Dieu, et pendant que les hommes étaient à la mer, chaque femme allant chercher au pied des falaises la pierre détachée ou roulée par la vague, et la portant elle-même sur ses épaules jusqu'aux fondations de l'église. Les enfants, jeunes mousses avec leurs rames et leurs avirons, entouraient une statue de la Vierge dans sa barque, et les femmes, dans leur costume élégant et traditionnel de matelotes, portaient avec leurs filles les *ex-voto*, touchants souvenirs des prières et des vœux adressés à la Reine des mers, pendant que le vent soufflait, que la tempête soulevait les vagues, et que leurs fils, leurs maris et leurs pères luttaient contre l'orage au sein des mers lointaines et parmi les écueils inconnus.

» Venaient ensuite successivement toutes les paroisses avec leurs bannières et les reliques de leurs patrons : saint François de Sales, saint Pierre, saint Vincent de Paul, saint Joseph et saint Nicolas ; les bannières du Sacré-Cœur, de la Sainte-Enfance, du Bon-Pasteur, des Saints-Anges, de Saint-Augustin, et celles dédiées à tous les noms, à tous les patronages sous lesquels est invoquée la Vierge de toute grâce et de toute vertu : Notre-Dame de la Victoire, de la Sainte-Espérance, du Saint-Sépulcre, des Sept-Douleurs, l'Immaculée-Conception, l'Assomption, l'Association de Marie, le Rosaire symbolique dont chaque mystère a son étendard, et chaque dizaines des jeunes filles qui le représentent; les reliques de saint Maxime, un des évêques et des patrons du diocèse, et celle du bienheureux Labre, ce pauvre de Dieu, le plus humble, un des plus vénérés des élus, et le dernier de ceux que l'Église a béatifiés.

» La statue en argent de la Vierge sainte, la crèche de son Fils, puis des croix, les emblèmes de la passion, les chiffres de la Vierge, des lis, des couronnes, tous les attributs de la souffrance et du triomphe de Jésus-Christ et de sa Mère, des corbeilles chargées des plus belles fleurs, sont portés par des jeunes filles et entourés de charmants petits enfants ressemblant à des anges descendus un instant du ciel pour faire sur la terre honneur à leur Reine.

» Une multitude de bannières avec l'image de leurs patrons représentaient toutes les paroisses du grand doyenné de Boulogne, et de loin semblaient une armée dont chaque soldat portait le drapeau d'une légion sainte.

» Après la religion, venaient l'instruction et la charité, ses fidèles compagnes, les enfants des écoles et des orphelinats, les infirmes et les vieillards sortis ce jour-là de leurs asiles et de leurs hospices pour glorifier la Mère de Celui qui a fait de leur soulagement la loi des chrétiens; puis tous ceux que l'amour de Jésus-Christ a engagés au service des pauvres malades et à celui de l'Église : les Dames des pauvres malades, celles des églises pauvres, l'association de la Sainte-Famille, la société de Saint-Vincent de Paul, les congrégations vouées à l'enseignement, aux veilles et aux secours des malheureux; les Petites-Sœurs, les Filles de la Charité, les Sœurs de Saint-Joseph, de Bon-Secours, de Saint-Augustin, les Frères des Écoles chrétiennes.

» La grande statue de Notre-Dame de Boulogne était portée par les braves marins du *Cuvier* et du *Bisson*, et entourée d'*ex-voto* détachés de la chapelle de la Vierge; parmi eux on distinguait une croix d'honneur, legs d'un vaillant officier qui, en tombant sous les murs de Sébastopol, avait tourné son dernier regard et son dernier souvenir vers la ville où il était né et vers la Vierge qu'il avait vénérée toute sa vie et qu'il invoquait à l'heure de la mort (1). La statue avait

(1) Le colonel Dupuis, atteint de onze blessures, tomba sous le

pour cortège deux groupes de jeunes filles, les unes vêtues de robes et de tuniques blanches parsemées d'étoiles et ayant sur la tête des couronnes d'or, les autres avec les robes bleues, des étoiles et des couronnes d'argent. Chaque groupe portait alternativement la main de l'ancienne statue miraculeuse, seul débris arraché aux flammes de 93.

» Cette immense procession de drapeaux, d'étendards, de statues, de reliques, de croix, de fleurs mystiques, de saintes images, de pieuses inscriptions, d'emblèmes religieux; ce long défilé d'un peuple d'enfants, de jeunes filles, de marins, de vieillards; cette succession de chœurs chantant des psaumes, des hymnes et des cantiques, de fanfares guerrières, de musique religieuse, exprimant la même pensée, tendant au même but, étaient suivis par le corps du clergé, le curé et les prêtres de chaque paroisse, les chanoines étrangers et du diocèse, les prédicateurs de la station parmi lesquels chacun se montrait le P. Félix; Mgr Haffreingue en costume de prélat romain et dont le nom était sur toutes les lèvres, trois autres prélats appartenant à la maison

feu de l'ennemi dans l'assaut du 8 septembre 1855. Avant la bataille, il écrivit à son frère : « Si je meurs, tu donneras à Notre-Dame ma croix de commandeur.... »

du Saint-Père; puis, distribuant des bénédictions à la foule empressée, marquant du signe de la croix des petits enfants étonnés présentés par leurs mères émues, s'avançaient les évêques de Beauvais, d'Amiens, de Northampton, de Clifton et de Kerry, et le dernier de tous, le nouveau successeur de Mgr Parisis, le consécrateur de Notre-Dame, Mgr l'évêque d'Arras, de Boulogne et de Saint-Omer.

» Dans cet ordre, la procession, partie de Notre-Dame, descendit la haute ville jusqu'à la mer, à travers les rues tendues et pavoisées, les arcs de triomphe, les avenues de verdure et une population immense, pleine à la fois de curiosité et de recueillement. Lorsqu'elle atteignit le port, elle fit halte un moment, et les six évêques, la mitre en tête et la crosse en main, étendirent ensemble les bras vers la mer et la bénirent d'une commune voix, au nom du Père et du Fils et du Saint-Esprit. Le ciel était pur, l'air calme; le soleil, déjà sur son déclin, colorait quelques légers nuages de ses rayons qui commençaient à pâlir : c'était l'heure où la vague, en se retirant, laisse à découvert une plage unie qu'elle semble caresser doucement de ses eaux fugitives; pas une rame, pas une voile ne remuait dans le port ordinairement si animé, aucun bateau pêcheur n'apparaissait à l'horizon, tous les marins étaient ce jour-là au service de leur Protectrice et de leur Reine. On apercevait seulement dans le lointain, sur le ciel la fumée, et sur l'Océan la forme mobile du paquebot à vapeur qui, dans son voyage d'une rive à l'autre, ne s'arrête jamais, emblème de l'incessante et fiévreuse activité de l'esprit humain. Plus loin encore se dessinait la grande ombre des côtes d'Angleterre, dont les hautes falaises arrachées du continent par une révolution terrestre aux premiers jours du monde, tendent tous les jours à s'en approcher par l'industrie, le commerce et les découvertes du génie moderne, et à qui en ce moment Notre-Dame de Boulogne demandait, par l'attrait de ses cérémonies et les bénédictions de ses pontifes, le retour à l'unité d'une nation illustre, autrefois si fidèle, et qui depuis trois siècles une révolution religieuse a séparée de son ancienne et véritable famille.

» Le lendemain et les jours suivants, des pèlerinages arrivèrent encore de toutes les parties du diocèse, et à l'instant même où j'écris, les cloches sonnent, les chants célèbrent et l'orgue annonce l'entrée dans Notre-Dame de quelque paroisse dont tout le monde, femmes, enfants, vieillards, a bravé les fatigues d'une longue route et d'un mauvais temps, pour apporter un vœu, entendre un discours et recevoir une bénédiction aux pieds de la Vierge immaculée. Cet empressement, cette affluence se renouvelleront maintenant chaque année. En dépit des prophéties du matérialisme et du doute, des espérances des ennemis du catholicisme, l'avenir s'inclinera devant cette œuvre de la foi et de la piété de notre siècle, et dans ce temple achevé, sur ces autels bénits, les prières, les actions de grâces, les hommages des pèlerins ne cesseront plus de se répandre, tant que la France sera la fille aînée de l'Église, que la croix brillera sur ses édifices sacrés, et que la statue de Notre-Dame de Boulogne s'élèvera dans les airs, sur la cime du dôme bâti en son honneur, comme le phare sauveur du pauvre matelot battu par les tempêtes de la mer, et des pauvres âmes éprouvées par les orages du monde (1). »

Et maintenant qu'ajouter à ces paroles? On nous permettra d'y joindre, en terminant, un aimable souvenir d'un vénérable et illustre pontife que nous avons connu, aimé, et qui nous honorait lui-même de sa douce bienveillance.

C'était à la grande fête de 1857, l'administraton municipale de Boulogne voulut « pour l'hon-

(1) Vicomte de Melun.

neur de la ville » s'associer à cette fête en offrant aux *douze évêques* réunis dans ses murs un splendide banquet dans la grande salle de l'hôtel de ville. Mgr Parisis, vivement ému de tout ce qu'il venait de voir, et profondément touché de l'esprit religieux qui anime les magistrats et la population, porta un toast en ces termes :

« A la ville de Boulogne! à cette cité pleine de charmes et pleine de cœur, si riche des dons de Dieu et si riche de ses propres œuvres, que le monde admire et que la religion bénit;

» Ville privilégiée, qui réunit avec un rare bonheur l'élégante délicatesse et l'activité féconde des temps modernes à la foi puissante et aux vertus hospitalières des temps antiques;

» Ville bien-aimée, pour laquelle notre affection se confond avec la reconnaissance, parce que nous ne l'avons jamais visitée sans en attendre quelque progrès dans le bien, et nous ne le lui avons jamais demandé sans l'avoir aussitôt surabondamment obtenu;

» A Boulogne donc, à sa vraie prospérité en tout!

» A Boulogne, à ses habitants et à ses magistrats!

» *A Boulogne, honneur, amour!* »

Ce dernier vœu d'un vénérable pontife, l'une

des gloires de l'épiscopat de France, n'est-ce pas celui que redit encore tout pèlerin, quand à son départ il jette un dernier regard sur Marie imma culée couronnant le faîte d'un des plus magnifiques temples élevés sur la terre à la gloire de la Reine du ciel? Redisons donc, nous aussi, avec l'illustre évêque d'Arras, au terme de notre pèlerinage historique dans la noble cité :

A Boulogne, honneur, amour!

FIN

TABLE

— Lille. Typ. J. Lefort. 1887. —

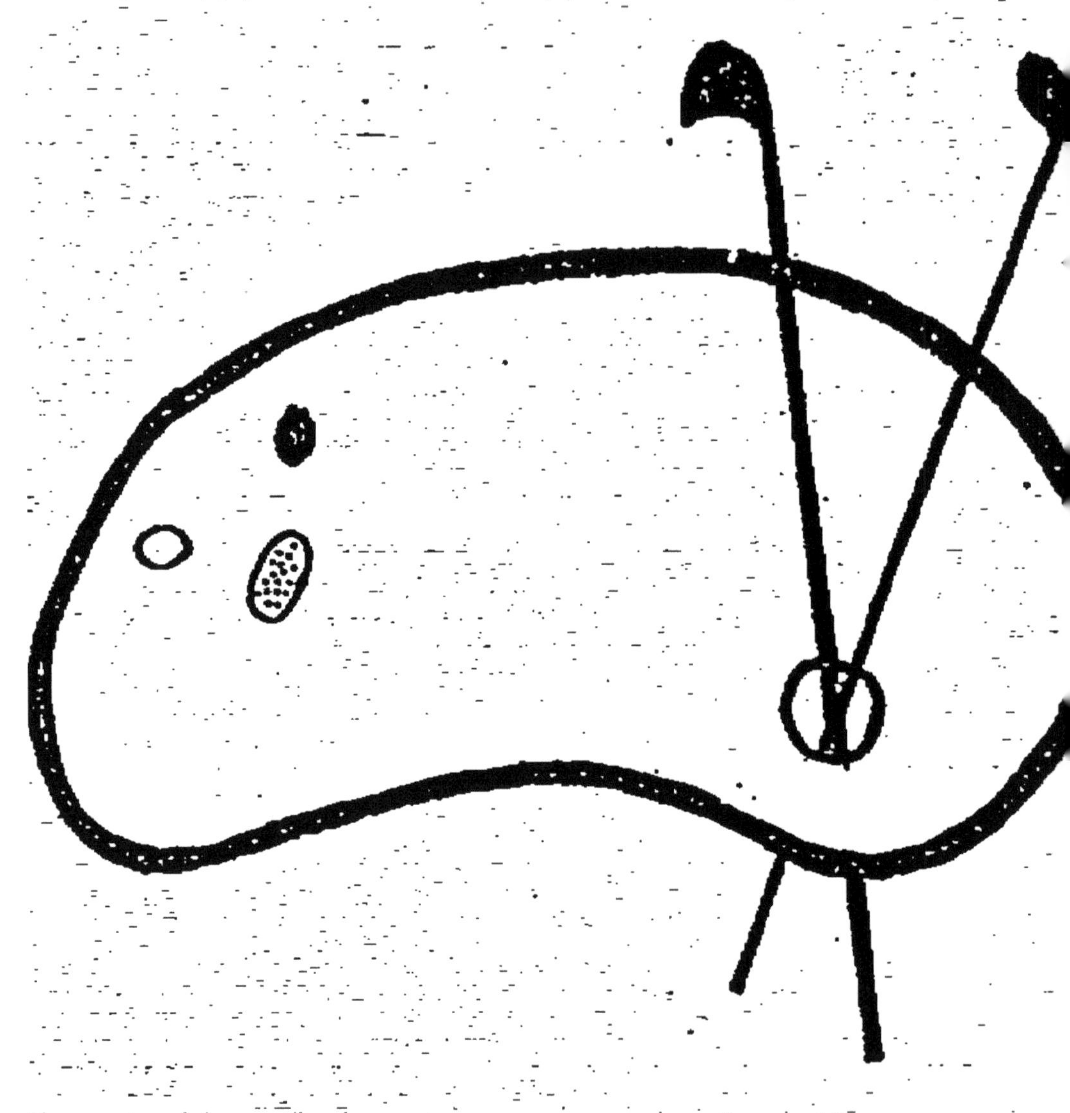

www.ingramcontent.com/pod-product-compliance
Ingram Content Group UK Ltd.
Pitfield, Milton Keynes, MK11 3LW, UK
UKHW020254250726
13967UKWH00004B/1684